ENQUANTO ISSO

FERNANDA WITWYTZKY

ENQUANTO ISSO

O QUE FAZER
ENQUANTO
ESPERAMOS

Copyright © 2022 por Fernanda Witwytzky

As citações bíblicas são da *Nova Versão Internacional* (NVI), a menos que seja especificada outra versão da Bíblia Sagrada.

Os pontos de vista desta obra são de responsabilidade de seus autores e colaboradores diretos, não refletindo necessariamente a posição da Thomas Nelson Brasil, da Pilgrim ou de suas equipes editoriais.

Publisher	*Samuel Coto*
Editores	*Brunna Castanheira Prado e Guilherme Cordeiro Pires*
Estagiárias editoriais	*Camila Reis e Giovanna Staggemeier*
Preparação	*Daniela Vilarinho*
Revisão	*Jaqueline Lopes e Letícia Castanho*
Diagramação	*Sonia Peticov*
Capa e projeto gráfico	*Gabê Almeida*

Dados Internacionais de Catalogação na Publicação (CIP)
(BENITEZ CATALOGAÇÃO ASS. EDITORIAL, MS, BRASIL)

W794e Witwytzky, Fernanda

1.ed. Enquanto isso: o que fazer enquanto esperamos / Fernanda Witwytzky. – 1.ed. – Rio de Janeiro: Thomas Nelson Brasil, 2022.
144 p.; 13,5 x 20,8 cm.

ISBN 978-65-5689-277-1

1. Confiança em Deus. 2. Espera – Aspectos religiosos – Cristianismo. 3. Família – Aspectos religiosos. 4. Maternidade. 5. Persistência. 6. Superação – História de vida. I. Título.

08-2022/128   CDD: 234.35

Índice para catálogo sistemático:
1. Espera : Aspectos religiosos : Cristianismo   234.35

Bibliotecária responsável: Aline Graziele Benitez CRB-1/3129

Thomas Nelson Brasil é uma marca licenciada à Vida Melhor Editora LTDA.
Todos os direitos reservados à Vida Melhor Editora LTDA.
Rua da Quitanda, 86, sala 218 — Centro
Rio de Janeiro — RJ — CEP 20091-005
Tel.: (21) 3175-1030
www.thomasnelson.com.br

SUMÁRIO

PREFÁCIO 7

INTRODUÇÃO 11

Capítulo 1 • O tempo 14

Capítulo 2 • A chave 28

Capítulo 3 • O coração 46

Capítulo 4 • O mar 68

Capítulo 5 • A casa 82

Capítulo 6 • A semente 92

OS FRUTOS 116
depoimentos de outras esperas

AGRADECIMENTOS 143

PREFÁCIO

Há muitos anos, li uma frase que acertou meu coração como uma flecha. Era um texto de A.W. Tozer que dizia: "Deus não se curvou à nossa pressa nervosa, nem adotou os métodos de nossa era imediatista. O homem que deseja conhecer a Deus precisa dedicar-lhe tempo." O autor explicava o tempo específico que uma pessoa deve dedicar à leitura da Bíblia e oração, mas eu gosto de pensar que o sentido é ainda mais amplo.

Em vez de consagrar "um" tempo, devemos consagrar "o" tempo. Pare um pouco e pense no que isso quer dizer: entregar o tempo a Deus. Isso significa sair completamente do controle e deixar que o Senhor comande as estações e os ciclos de nossa vida como Ele bem entender, pois o tempo não nos pertence, pertence a Ele.

A Bíblia nos conta sobre homens e mulheres que viveram com Deus em momentos distintos da história, em lugares e culturas diferentes. No entanto, ao olhar com atenção, vemos que alguns traços se repetem. Abraão esperou cerca de vinte e cinco anos desde que Deus lhe fez a

ENQUANTO ISSO

primeira promessa até o nascimento de Isaque. José esperou por dezoito anos até que o Senhor o tornasse governador de todo Egito. Davi aguardou cerca de vinte anos desde a unção do profeta Samuel até a sua coroação como rei. Abraão esperou, José esperou, Davi esperou.

Olhe para Jesus, por exemplo; foram mais de trinta anos de espera naquela carpintaria até que entrasse no Jordão, fosse batizado por João Batista e então iniciasse seu ministério público. Você consegue imaginar o verbo do Deus Todo Poderoso esperando, sendo aperfeiçoado? Esperar parece "parar no tempo", mas quando esperamos com o coração em Deus, estamos avançando. O Filho do Homem, por sua submissão, realizou em três anos mais do que qualquer um de nós poderia fazer em uma vida inteira. Todos na Bíblia foram "exercitados" na paciência e assim será com você também.

É impossível viver a vida cristã sem aprender este fundamento. Precisamos aprender a confiar antes de enxergar. Isso se chama fé! Até mesmo para entender a salvação precisamos aprender a esperar. Paulo escreve aos Romanos: "Pois nessa esperança fomos salvos. Mas, esperança que se vê não é esperança. Quem espera por aquilo que está vendo? Mas se esperamos o que ainda não vemos, aguardamo-lo pacientemente." (Rm 8:24-25). O tempo da espera é a fornalha que amolece o nosso coração para então nos moldar e nos tornar ferramentas úteis no

Prefácio

Reino de Deus. Ao nos submeter a isso, o Senhor está provando o quanto nos ama.

É sobre isso que este livro vai tratar com você. A Fernanda e o Rafael são amigos queridos, cuja história me inspira a confiar mais em Deus como o senhor do tempo. A história dessa família linda é um presente para todos nós. Tivemos o privilégio de caminhar juntos nos últimos anos e posso afirmar que eles têm autoridade para falar sobre esse assunto. Assim como eu, espero que você seja ricamente abençoado por esta leitura e que estas histórias produzam em você o tipo de fé excelente que eles têm demonstrado. Que Deus lhe abençoe (e lhe ensine a esperar).

YURI BREDER,
Pastor da PIB Campo Grande/MS
e diretor da Escola do Discípulo
Março, 2020

INTRODUÇÃO

Ganhei meu primeiro diário quando eu tinha nove anos de idade. Desde então, nunca mais parei de escrever. Já se foram mais de 20 anos carregando vários diários e os enchendo de histórias.

Escrever sempre foi uma forma de organizar meus pensamentos. Coloco-os para fora como forma de expressar o que, talvez, não conseguisse fazer apenas falando. Registrei os dias mais felizes e mais tristes que vivi, mas foi só após passar por um dos processos mais difíceis da minha vida que senti um desejo enorme de documentar tudo em um livro.

Tentar engravidar diversas vezes e me deparar com muitos nãos foi muito duro. Vivi quase três anos de uma espera árdua, dolorosa, mas extremamente frutífera. Passar por tanta incerteza e ter um desejo gigantesco por respostas me fez estar sensível e atenta a tudo o que envolve o processo de engravidar: o que ele causa em nós, o que pode ser gerado através dele e o que fazer enquanto esperamos.

ENQUANTO ISSO

Alguns anos atrás, comecei a compartilhar parte desses aprendizados na internet. Contudo, senti que certas lições precisavam de um lugar mais especial. Foi quando surgiu a ideia do livro, um pouco antes de eu conseguir engravidar.

Neste livro, compartilho com você tudo o que refleti sobre a espera, juntamente com aprendizados que Deus me ensinou através de sua Palavra e das minhas experiências pessoais com Ele. São histórias, depoimentos e verdades bíblicas sobre esse tempo tão precioso. Quero te mostrar que o caminho da espera não acaba quando o sim (ou o não) chega. Mesmo depois do nascimento dos meus filhos, outras esperas vieram e o Senhor continuou trabalhando em mim durante todas elas.

Meu desejo é que, através dessa leitura, seu olhar sobre o momento que você está vivendo hoje mude — seja qual for a sua espera —, e que seu coração encontre o descanso e o renovo necessários para persistir esperando.

Com amor,

FERNANDA WITWYTZKY

Capítulo 1
O TEMPO

JÁ ESTÁ CHEGANDO?

Não sei como meu pai aguentava tantas perguntas de "já está chegando?" quando nossa família viajava de férias. Eram longas viagens de carro, eu até levava um aparato de coisas para fazer e me distrair, mas nunca era suficiente. Chegava um momento da viagem em que eu perguntava, de 5 em 5 minutos, se já estávamos chegando. E meu pai, pacientemente, me falava exatamente quanto tempo faltava. Mas quer ele dissesse 5 horas ou 15 minutos, a ansiedade de chegar era a mesma. Além de querer estar no destino, eu também queria muito me livrar do desconforto que era ficar no carro — como somos três irmãos e eu sou a mais nova, sempre tinha que ficar apertada no meio.

Fico imaginando como seria se Deus agisse como o meu pai e nos falasse quanto tempo nos

ENQUANTO ISSO

falta para chegarmos naquele lugar que tanto queremos estar. Já pensou? "Maria, em tantos dias você vai passar no vestibular"; "João, sua mãe vai ser curada em abril do ano que vem"; "Fernanda, sua gravidez vai chegar em 5 meses, espere só mais um pouco". Que alívio seria se todas as respostas indicassem que algo que tanto esperamos vai, pelo menos em algum momento, realmente acontecer.

Mas a vida não é assim. A espera nem sempre vem acompanhada de uma voz falando quanto tempo falta ou o que fazer enquanto isso. E as esperas mais importantes da nossa vida geralmente não duram apenas 10 horas, como em uma viagem de carro, elas podem durar dias, meses e anos.

E o problema é que vivemos em um tempo no qual esperar por qualquer coisa é quase insuportável e inadmissível. Tudo precisa ser rápido e atender nossos desejos imediatamente. Entramos no restaurante com fome e queremos comida em 5 minutos; mandamos uma mensagem e queremos resposta instantânea; fugimos de filas como se fosse a morte; já não achamos tão divertido ouvir nossos pais ou alguém mais velho contar uma história longa, ou a mesma história vez após outra. Nossa mente foi educada e adaptada para uma sociedade acelerada e com fome pelo agora.

A ironia é que, ao mesmo tempo em que queremos tudo agora, o presente nos afoga e nos esgota. Reclamamos que nunca temos tempo,

O tempo

mas o preenchemos com programações, distrações, séries da Netflix e dispositivos móveis. Constantemente buscamos formas de não estarmos verdadeiramente presentes no agora. Temos que esperar uma comida? Entramos no *feed* do Instagram. A esposa está demorando para ficar pronta? Os joguinhos no celular estão aí. O voo atrasou? Nos levantamos e buscamos algo para fazer. É como se quiséssemos preencher o tempo para não senti-lo. Saborear o tempo já não é mais uma arte que a nossa geração saiba apreciar.

Não há nada de errado em termos distrações para aliviar nossa cabeça de vez em quando. Mas, quando isso se torna um vício e aumenta nossa dificuldade de entender que certas coisas tomam tempo, é um sinal de que precisamos parar e refletir. Brigar contra o tempo por querer que ele passe rápido demais, além de nos impedir de abraçar a realidade, nos desconecta emocionalmente e nos empobrece espiritualmente.

NOSSO ESPÍRITO NA ESPERA

Não tem como falar de espera sem mencionar o que acontece em nosso espírito. Só podemos nos manter firmes ao esperar algo porque temos esperança de que isso vai acontecer. Acreditar nisso exige que creiamos que há algo além da nossa humanidade que está tomando conta de tudo. Assim, a espera nos traz um desejo de nos conectar com Deus.

ENQUANTO ISSO

Na busca por essa conexão divina, passamos a enxergar a espera de outra forma. Imagine a espera como um fogo e o nosso coração como um ferro. O fogo tem como objetivo moldar o ferro para que ele chegue à forma desejada. Da mesma maneira, quando olhamos o processo precioso da espera sob a ótica divina, compreendemos que o nosso espírito é moldado e aperfeiçoado nele. No Novo Testamento encontramos:

> "E não só isso, mas também nos gloriamos nas tribulações, porque sabemos que a tribulação produz perseverança; a perseverança, um caráter aprovado; e o caráter aprovado, esperança. E a esperança não nos decepciona, porque Deus derramou seu amor em nossos corações, por meio do Espírito Santo que ele nos concedeu."
> (Romanos 5:3-5)

Veja o que diz esse texto da Bíblia: os momentos difíceis — que neste caso poderiam ser a espera — geram paciência. E a paciência é o que gera experiência que, por fim, produz esperança. Veja bem, não há esperança se antes não houver momentos difíceis, paciência e experiência. E a esperança é o próprio Deus e seu amor derramado em nós, trazendo sentido a todas as situações.

Podemos compreender, a partir dessa verdade bíblica, que tudo o que acontece no tempo não é apenas aquilo que é visto a olho nu.

Simultaneamente, existe um trabalho invisível acontecendo em nosso espírito. Sendo assim, precisamos nos reconciliar com o tempo, experimentá-lo e senti-lo verdadeiramente, para então estarmos saudáveis espiritualmente.

O anseio pelo resultado rápido também deve ser sinal de alerta. Ele é um prato cheio para propostas de emagrecimento rápido, "cinco passos para se tornar milionário antes dos 30", escolas prometendo aos pais que seus filhos passarão rapidamente no vestibular, pílulas que resolvem em dias o que precisaria ser mudado em meses. Queremos resultados e queremos logo; tentamos fugir de tudo que custe nosso esforço, constância, e que, de alguma forma, nos traga sofrimento. Queremos sempre a possibilidade mais rápida de obter resultado sem passar por tantos processos.

Nós, ao arrancarmos da árvore frutos que ainda estão verdes, perdemos muitas oportunidades de colher e saborear frutos maduros. Alguns frutos nunca colheremos, por nem nos dar o trabalho de plantar, semear, regar e colher. Eu realmente acredito que as coisas mais importantes da nossa vida levam tempo. Um bom casamento, amigos leais, um trabalho relevante, educação dos filhos, nosso relacionamento com Deus, tudo isso exige de nós esforço e perseverança ao longo do tempo. A própria fé é assim:

> *"Ora, a fé é a certeza daquilo que esperamos e a prova das coisas que não vemos."* (Hebreus 11:1)

Ter a certeza de que conseguiremos o que esperamos não necessariamente significa que virá no tempo que desejamos. Essa certeza não nos serve como uma bola de cristal para ver o futuro, mas é nela em que desenvolvemos a nossa fé. Essa certeza é a prova de que Deus existe e cuida de absolutamente tudo, muito melhor do que nós conseguiríamos zelar.

É no tempo que nossa fé encontra uma terra boa para ser plantada. É ali que ela forma raízes firmes para se agarrar e poder crescer forte. Não se engane achando que sua fé será fortalecida ao pular etapas ou evitar processos. Fé e tempo caminham juntos. A Bíblia nos diz que "sem fé é impossível agradar a Deus" (Hb 11:6), e a fé é provada pelo tempo. Então, é o passar do tempo que nos permite desenvolver a nossa fé e agradar a Deus.

Precisamos ter fé para aceitar e aprender a viver o tempo de Deus. Não vamos forçar Deus a cumprir nossa agenda; não seremos mergulhados no tempo que é ditado pelo mundo afora. Não é estabelecendo uma batalha contra o tempo, seja querendo apressá-lo ou retardá-lo, que experimentaremos a vontade de Deus:

"Não se amoldem ao padrão deste mundo, mas transformem-se pela renovação da sua mente, para que sejam capazes de experimentar e comprovar a boa, agradável e perfeita vontade de Deus." (Romanos 12:2)

A boa, perfeita e agradável vontade de Deus não é alcançada através do tempo determinado por nós mesmos ou na pressa que o mundo vive. Ela vem quando não nos conformamos com o que nos é ditado e com a transformação da nossa mente. Quando verdadeiramente olhamos para dentro e paramos de nos distrair o tempo inteiro olhando para fora. Quando abraçamos o tempo que estamos vivendo e o entendemos como lugar de crescimento e desenvolvimento da nossa fé, caminhamos em direção à vontade de Deus, que já está sendo realizada agora.

Quando essas verdades ganharam raízes em meu coração, eu consegui enxergar o tempo de trinta e dois meses até a chegada da minha gravidez como um período de crescimento e desenvolvimento espiritual. A minha luta para que o tempo perfeito aos meus olhos acontecesse perdia forças e eu finalmente descansava no tempo do Senhor. Enquanto eu esperava, eu me tornava mais paciente, experiente e encontrava em Deus a verdadeira esperança para confortar um coração ansioso.

IDENTIDADE FORA DO TEMPO

Em 2016, com um ano e meio de casados, decidimos nos mudar para a Espanha, pois o Rafa, meu marido, faria mestrado. Naquela época eu era recém-formada em Arquitetura e Urbanismo, mas havia escolhido não exercer a profissão.

ENQUANTO ISSO

Começara a trabalhar como empreendedora em um negócio que estava dando muito certo. O Rafa trabalhava como professor em uma escola, amava o que fazia e era muito querido por seus alunos. Também éramos muito envolvidos em nossa igreja local. Resumindo, nós tínhamos tudo no Brasil: família, ministério, trabalho, amigos. Estávamos em uma posição muito segura e confortável.

Quando batemos o martelo sobre a mudança para a Espanha, eu já sabia que iria com um visto que não me permitiria trabalhar, então seria um tempo para dar apoio ao Rafa, e eu pensei que tiraria de letra.

Porém, ao chegar lá, vi que talvez fosse um pouco diferente do que imaginara. Era inverno, uma estação em que a cidade quase dorme; fomos morar em uma casa com uma única janela, que dava de frente para um muro. E o ponto alto do meu dia era a hora em que o Rafa chegava em casa e me contava todas as novidades da sua vida de trabalho e estudo.

No começo eu lidei bem, porque tirei bastante tempo para mim. Podia ler, escrever e pensar em novos projetos. Eu me envolvi com uma igreja local, passei a liderar um grupo de jovens, tudo estava, aparentemente, normal. Mas os dias foram passando, depois semanas, meses... e acabei perdendo a perspectiva de quem eu era e do que Deus tinha para mim. Eu respondi tanto a pergunta "o que você está fazendo aqui

O tempo

na Espanha?" com um "vim acompanhar meu marido que veio fazer mestrado", que isso se misturou com o que eu pensava sobre quem eu era.

Aliás, quem eu era mesmo? Uma arquiteta que não exercia sua profissão, uma empreendedora com um negócio parado; tinha um chamado para missões, mas não havia ainda entrado em uma agência missionária. E eu nem sabia o que queria para o futuro. Só havia todos esses rótulos grudados na minha testa para me proteger quando as pessoas viessem conversar comigo. E eu também queria ser mãe, mas não engravidava.

Minha vida virou um pesadelo. Passei a ter dificuldade para dormir, tinha crises de choro sem fim, meu coração de repente começava a acelerar, conseguia ficar em silêncio por horas — o que não é nada normal para mim, como quem me conhece bem sabe. Enfim, eu havia me perdido. Porém, em uma tarde, enquanto fazia meu devocional, recebi uma visita muito especial do Espírito Santo dentro daquela casa escura e fria. Eu chorava muito, perguntando por que me sentia tão mal comigo mesma, quando uma voz muito clara me disse:

"Fernanda, você não é a arquiteta, não é a esposa do Rafa, não é a líder dos jovens, nem nada do que você quer tanto se rotular. Você é minha filha e é isso que te define."

Essa verdade veio ao encontro do meu coração, trazendo uma paz que eu não sentia há muito tempo. Percebi o quanto buscava afirmação e definição de quem eu era a partir da ótica do tempo em que eu me encontrava e daquilo que eu fazia ou deixava de fazer. Os versículos 16 e 17 do terceiro capítulo do Evangelho de Mateus dizem:

> *"Assim que Jesus foi batizado, saiu da água. Naquele momento os céus se abriram, e ele viu o Espírito de Deus descendo como pomba e pousando sobre ele. Então uma voz dos céus disse: "Este é o meu Filho amado, em quem me agrado."*

Esse acontecimento antecedeu a ida de Jesus ao deserto, quando foi tentado por Satanás. Cristo, porém, resistiu à tentação justamente porque o Espírito lhe havia dito quem ele era: filho amado de Deus. Isso lhe bastava. Isso lhe era suficiente para que ele não dependesse de nenhum outro tipo de afirmação.

Quantos de nós buscamos um cargo, uma posição ou um relacionamento para finalmente sentir que somos alguém de verdade? Quantas vezes nos afirmamos e nos sentimos seguros ao poder falar para os outros e para nós mesmos todas as atividades que exercemos? Quanta falta de identidade podemos perceber em nós mesmos!

Além disso, temos uma tendência muito grande de achar que quando Deus mudar o momento em que nos encontramos agora, tudo vai mudar. Não, Deus não está interessado em mudar a nossa situação. Deus está mais interessado em trabalhar em nós. Precisamos parar de pedir que Deus mude as circunstâncias e começar a pedir para que ele *nos* mude. E isso exige que abandonemos os rótulos.

É libertador entender que aquilo que nós somos vai além do que fazemos ou do tempo em que estamos. Quando encontramos nossa identidade em Deus, paramos de querer fazer o papel de protagonista e deixamos que ele guie nossas vidas da forma que ele quiser. Passamos a nos mover como filhos de um bom Pai, que confiam nele, independentemente das circunstâncias. Filhos que encontram descanso, enquanto o Pai trabalha; filhos que encontram prazer no tempo que estão, enquanto o Pai os prepara para as novas fases que virão. Filhos que se sentem em casa, mesmo estando do outro lado do mundo.

É essencial que, em um momento de espera, firmemos nossa identidade em Deus para que não caiamos no engano de nos firmar em rótulos ditados por nós mesmos e pelos outros. Independente do tempo, somos quem Ele diz que somos, e isso nos basta.

ORAÇÃO

Senhor, *já estou cansada de brigar com o tempo. Ajuda-me a fazer as pazes com ele e a enxergá-lo através dos Seus olhos. Quero entender cada etapa do momento da espera como uma oportunidade de a minha fé crescer e se fortalecer em Ti. Peço que o Senhor me ajude a abandonar todos os rótulos um dia pregados em mim e a colocá-los diante da cruz. Que o Senhor seja a minha esperança! Em nome de Jesus, amém.*

Capítulo 2
A CHAVE

PERDENDO O CONTROLE

Me lembro exatamente do dia em que decidimos que eu pararia de tomar a pílula anticoncepcional. O Rafa e eu havíamos combinado que passaríamos os dois primeiros anos de casamento sem ter filhos. Era janeiro de 2017, faltavam dois meses para completar esse tempo e o assunto voltou a surgir.

Lembro-me de ser resistente com a ideia, inicialmente, por conta da nossa situação financeira. Mas, em uma conversa com um amigo espanhol muito querido, ele nos disse: "Vocês têm isso forte no coração de vocês? Têm paz em relação a isso? É um sonho de Deus para vocês? Então, Ele é fiel para cumprir e suprir o que for necessário." Naquela noite, quando ele foi embora, fechamos a porta, oramos e decidimos que não haveria mais pílula.

ENQUANTO ISSO

Antes dessa noite, nós já havíamos passado muitas madrugadas conversando sobre o assunto. Morávamos na Espanha, sozinhos, com uma reserva de dinheiro, mas ainda desempregados. Tudo era incerto; só que algo em nosso coração nos dizia ser o tempo de começar a tentar. Antes de dormir, fiz os cálculos e previ que um mês seria suficiente para estar comemorando no banheiro com o resultado positivo em mãos. Esquematizei uma surpresa cinematográfica para o Rafa, planejei tudo certinho na minha cabeça e, na minha agenda bem programada, defini até o dia em que o bebê nasceria.

Passado um mês, fiz o teste e deu negativo; no mês seguinte, a mesma coisa. Essa cena se repetiu por mais de trinta vezes. Foram dois anos e sete meses tentando, muitas frustrações, médicos, uma cirurgia, vários procedimentos dolorosos e um trabalho muito grande de Deus em nós. Muito do que somos foi revelado naquele tempo. Tenho a sensação de que, dentro do casamento, nos desnudamos e mostramos quem realmente éramos um para o outro durante esses momentos de dor e frustração.[1]

Tanto o Rafa quanto eu havíamos crescido com muitos sonhos e vontades, e realizamos

---

[1] Para quem quiser saber mais sobre essa parte da história e os aprendizados que o Senhor nos deu, veja o meu livro *Casal imperfeito:* Retratos de um casamento aperfeiçoado em Deus. São Paulo: Pilgrim; Rio de Janeiro: Thomas Nelson Brasil, 2022.

A chave

muitas coisas que planejamos. Eu desejava entrar em uma faculdade pública... e entrei. O Rafa sonhava em passar uns meses na África do Sul... ele foi. Na minha adolescência, eu tinha um *crush* no menino que dançava lá na frente da igreja... me casei com ele anos depois. Faculdade, viagens, projetos pessoais, intercâmbio, casamento, tudo aquilo que nós havíamos nos comprometido e nos esforçado para fazer, aconteceu. Então, de repente, fomos assombrados com um grande não; os cálculos de tempo não funcionaram, o planejamento foi por água abaixo e o controle que achávamos que tínhamos, sumiu.

A maioria de nós vive com a expectativa de seguir uma ordem específica de realizações: namoro, casamento, filhos — uma fórmula que parece simples demais de resolver. A verdade é que, quando ela não se resolve, é muito difícil respirar e enxergar como vamos viver de um modo diferente daquilo que planejamos. Eu mesma tive muita dificuldade com isso. Na minha cabeça, as coisas não fluiriam se o nosso neném não viesse em um tempo específico planejado por nós.

Eu tinha medo de estar envelhecendo, tinha uma idealização daquilo que era melhor para mim, e a ordem dos fatos fazia muito sentido na minha cabeça. Se naquele tempo eu soubesse que ficaria por quase três anos esperando por isso, eu não suportaria. Enxergaria esse tempo como um grande desperdício de vida. Foi o maior desafio que já havíamos recebido na vida: esperar. E mal sabia eu que os anos mais frutíferos espiritualmente da minha vida seriam exatamente esses.

Sempre que uma pessoa alcança algo que não tem ainda — seja casamento, estabilidade financeira, cursar uma faculdade, conseguir um emprego etc. —, paira uma sensação de que aquela pessoa tem o controle total da vida dela. Mas a verdade é que continuamos sem ter controle da nossa vida, independentemente da fase em que estejamos.

Deus tem o controle de todas as etapas da nossa história. Por isso, a caminhada com Deus é entender que, qualquer que seja degrau que conseguirmos subir, o lugar a que chegarmos ou conquista que alcançarmos, devemos sempre reconhecer que não temos o controle de absolutamente nada.

Fere muito o nosso orgulho admitir que "perdemos" e que no final das contas a nossa vida não nos pertence. Não é sobre nós, não seguirá necessariamente a nossa linha do tempo perfeita e planejada. Acreditamos ser autossuficientes para escrever nossa história e ditar o que é melhor para nós. Acreditamos que a vida funciona como muito dos discursos que ouvimos: somos donos das nossas decisões e temos todas as capacidades de realizar nossos sonhos.

Até nos depararmos com um grande não. A falsa sensação de controle endeusa as nossas vontades e nos coloca em uma posição de donos do tempo. Enquanto achamos que podemos

A chave

controlar o futuro, perdemos várias oportunidades que nos estão sendo dadas no presente.

Dito isso, precisamos enxergar algumas verdades sobre a nossa geração. Queremos controlar o futuro, pois nos tornamos ansiosos demais por ele. O resultado disso é que ocupamos o presente ao máximo para que ele passe logo. As redes sociais estão aí para comprovar essa atitude. Imagine você em uma fila esperando ser atendido pelo seu médico. A chance de você pegar o celular e se encher de informações desnecessárias simplesmente para o tempo passar é gigantesca. O intuito é que o presente seja ocupado de forma que quando você menos se der conta, já esteja no futuro sendo atendido pelo médico. Isso não significa que o certo seria ficar sentado em uma cadeira olhando para o teto até chegar a sua vez na fila. Até poderia ser, caso você quisesse. A questão é a forma como temos enxergado o presente. Talvez, se você o olhasse como uma oportunidade, neste tempo de espera pelo médico você conversaria com a pessoa sentada ao seu lado, ou leria um bom livro. Existem diversas possibilidades dentro do presente. Como John Mark Comer disse:

> *"Quanto mais presentes nós estivermos no momento, mais gratos seremos pelo que é, e mais hábeis a experienciar a alegria.*
>
> *Frequentemente prometemos entregar a Deus 'nosso futuro' com muita serenidade e uma virtude heroica. Mas é fácil entregarmos o futuro a Deus, pelo simples fato de que nós não o temos.*

> Tudo o que nós temos é o presente. O aqui e agora. Este momento, esta dor, esta alegria, esta gratidão, esta rendição.
>
> E quanto mais momentos nós, lenta e agradecidamente, entregarmos a Deus, mais experimentamos a Sua alegria."[2]

"Existe uma alegria especial para aqueles que abandonam o desejo de controle e conseguem entregar o presente (e o futuro) ao Senhor. Já aqueles que confiam muito no próprio taco e amam a sensação de controle têm grandes chances de se distanciarem do Senhor e acreditarem que não precisam tanto dele. Quanto mais cedo entendermos isso, melhor levaremos as diferentes estações da nossa vida, menos olharemos para a vida dos outros e mais praticaremos uma vida de devoção e confiança verdadeira em nosso Deus.

ENTREGANDO A CHAVE

Passei a minha adolescência participando de campanhas evangelísticas durante as férias, organizadas por um ministério chamado King's Kids. Certa vez, uma de nossas líderes falou algo que eu nunca mais esqueci. Ela disse que a nossa

---

[2] COMER, John Mark. *A implacável eliminação da pressa*. Devocional de 5 dias. *YouVersion*. Disponível em: <https://www.bible.com/pt/reading-plans/16928>. Acesso em 30 jun. 2022.

A chave

vida é como um carro e nós temos duas escolhas: pegar as chaves, ser o motorista, dirigir e deixar Jesus como passageiro, pedindo às vezes sua opinião, perguntando qual direção tomar, mas continuar com o volante nas mãos. Ou pegar as chaves, entregar nas mãos de Jesus, deixá-lo como motorista e sentar no banco do passageiro. Dali, dá pra ver a paisagem e desfrutar do caminho, consciente de que quem dirige o carro sabe o que está fazendo.

Abrir mão do volante é entregar nossa vida sem reservas ao nosso Criador, que nos conhece e sabe daquilo que precisamos, mais do que nós mesmos. Não olhamos mais a infinidade de possibilidades e caminhos que podemos tomar. Fechamos os olhos e podemos, durante a trajetória, finalmente descansar.

Mas entregar a chave não é um processo fácil para quem gosta de controlar. A sensação de estar sentado e fazendo nada nos consome, e a ideia de que podemos nos intrometer para dar uma ajudinha é muito tentadora.

Uma das primeiras coisas que fizemos quando chegamos no Brasil, depois de um ano e meio morando fora, foi investigar o que poderia causar essa dificuldade de engravidar. Afinal, já era mais de um ano de tentativas. Não deu outra: os resultados dos exames saíram e nós dois tínhamos alguns problemas de saúde que dificultavam muito uma gravidez.

Eu fiquei irada, extremamente frustrada. "Como assim? Tentamos por todo esse tempo, sem nem tratar a real causa do problema? Que desperdício de tempo!" Por mais que lá na Espanha não tivéssemos como fazer exames e investigar mais, foi agoniante ver que eu realmente não estava no controle, como eu achava. Voltei para o médico determinada a fazer tudo o que fosse possível para que pudesse (na minha cabeça) voltar a ter o controle da situação.

Um dos meus problemas era um endometrioma (cisto) no ovário que precisava diminuir. Para isso, fui em um médico excelente para tentar o melhor procedimento possível, e que também fosse o menos invasivo. Ele me recomendou entrar em um tratamento médico que duraria seis meses, no qual eu tomaria diversas medicações. O problema é que elas não eram nem um pouco baratas e nossa situação financeira na época não era das melhores. Porém, tínhamos esperança de que este tratamento funcionaria e decidimos nos organizar financeiramente para que ele acontecesse. Durante aqueles seis meses eu fiz absolutamente tudo certinho. Comprei todos os remédios, tomei todos corretamente em seus diferentes horários e não esqueci nenhum dia de tomá-los. Segui à risca todas as recomendações médicas e, ao final do tratamento, a resposta nos exames foi que o endometrioma havia duplicado de tamanho.

Naquele momento de muita frustração, eu entendi que era hora de desistir. Não de cuidar da minha saúde, mas de achar que, de alguma forma, eu teria o controle. Nesse dia eu percebi

A chave

que não seria mais através das minhas forças, segurando fortemente o volante. Era o momento de entregar a chave, sentar como passageira e finalmente descansar.

O maior resultado de viver anos tentando a todo custo assumir o controle foi um cansaço extremo. Físico, mental e espiritual. Cheguei em um determinado ponto em que deitar para ir dormir era um tortura, pois pensamentos acelerados ocupavam a minha mente e me roubavam o sono. Atitudes simples do dia a dia, como arrumar a cama, sair para encontrar pessoas ou simplesmente preparar uma refeição me pareciam exaustivas demais. Pouco a pouco a vida que antes me parecia tão colorida, foi perdendo a cor. Sem saber, eu estava em meio a crises de ansiedade e também no início de uma depressão — era o momento de me cuidar e descansar.

> *"Mas aqueles que esperam no Senhor renovam as suas forças. Voam bem alto como águias; correm e não ficam exaustos, andam e não se cansam."*
> (Isaías 40:31)

Esse texto de Isaías é muito significativo. Esperar que a nossa própria vontade aconteça é muito diferente de esperar a vontade do Senhor. O processo de esperar e lutar para que as coisas aconteçam da maneira que queremos nos cansa e nos desgasta, pois é uma espera sem trégua. Porém, quando esperamos no Senhor, temos a oportunidade de descansar a cada passo dado. O texto diz que podemos voar alto como águias, correr e, ainda assim, nunca ficarmos exaustos. Isso porque os que esperam no Senhor descansam nele, não em suas próprias forças. E, mesmo quando falhamos em esperar no Senhor, é nele que encontraremos descanso e um novo começo. Isso nos está garantido na Bíblia, essa é a grande diferença.

Você sabe a diferença entre uma corrida de 100 metros e uma maratona? Eu não sabia até o meu marido me explicar, o que, pra mim, fez total sentido com o significado da verdadeira espera. A corrida de 100 metros dura alguns segundos e, neste curto espaço de tempo, o corredor dá tudo de si para chegar o mais rápido possível até a linha de chegada. Já a maratona pode durar muitas horas, exigindo do corredor diversas técnicas para lhe ajudar a passar pelos altos e baixos que acontecem durante aquele tempo. E não é só isso, é preciso muitos e muitos meses de preparo para conseguir correr uma maratona completa. Um corredor de maratona uma vez disse:

> *"A alegria intensa que você sente ao cruzar a linha de chegada é incrível e inesquecível. Mas as semanas e meses de treinamento até chegar a esse ponto são menos excitantes."*[3]

---

[3] "FERNANDO HENRIQUES JR. *100 metros rasos ou maratona?* Disponível em: <https://www.linkedin.com/pulse/100-metros-rasos-ou-maratona-fatos-fernando-henriques-jr-/?originalSubdomain=pt>. Acesso em: 30 jun. 2022.

A chave

É verdade que existe alegria ao chegar na linha de chegada, mas ela só existe porque é proporcional à longa e cansativa corrida até ali. Da mesma forma, podemos enxergar a espera como uma maratona. O foco de quem corre uma maratona não é só chegar até a linha de chegada, é saber como correr durante a corrida. Não dá pra acelerar demais, nem de menos, é preciso saber correr da maneira correta, na intensidade correta e no tempo correto, para finalmente chegar lá. Não deve ser fácil olhar outros corredores passando a sua frente e manter o foco na sua própria corrida. Não deve ser fácil passar algumas horas sem ter a certeza de que será o campeão. Mas os que verdadeiramente esperam no Senhor correm e não se cansam, porque sabem como correr a maratona da vida. E nessa maratona falharemos, cairemos, levantaremos e teremos um Deus sempre disposto a estender a mão.

ESPERA ATIVA

Momentos de espera podem ser confundidos com momentos de total passividade. É fato que, quando alguém nos diz para esperar, a primeira coisa que fazemos é ficar parado, como uma reação automática. E podemos cair em dois erros ao atravessar a espera: ou preenchemos desesperadamente o tempo para não senti-lo passar, ou nos congelamos passivamente e simplesmente não saímos do lugar.

ENQUANTO ISSO

Nos enganamos muito ao pensar que esperar é um castigo. Como se fôssemos uma criança que precisa ficar no mesmo lugar até que alguém nos tire de lá. Se mudarmos nossa mente e perspectiva sobre esse tempo, conseguiremos enxergar outras possibilidades.

A história de Ana na Bíblia (1 Samuel 1:1-19) demonstra uma dessas possibilidades. Ana era uma mulher estéril e tinha um grande sonho de gerar um filho. Seu marido Elcana levava todos os anos sua família a um tabernáculo em Siló para adorar e fazer sacrifícios ao Senhor. Esse tempo era muito difícil para Ana, já que a outra esposa de Elcana tivera filhos com ele e sempre a provocava, lembrando que Deus a havia deixado sem filhos. Todos os anos era a mesma coisa: Ana ia ao tabernáculo, orava e chorava.

Porém, chegou o momento em que ela decidiu mudar de atitude. Em uma dessas idas a Siló, Ana resolveu alterar sua oração e não só clamou a Deus para que lhe desse um filho, mas se comprometeu a, caso o recebesse, lhe devolver em serviço ao Senhor. Isso significaria que caso Deus lhe enviasse um filho, em determinada idade ela o levaria para morar por muitos anos no Tabernáculo.

A Bíblia nos conta que Ana mudou seu semblante e ficou radiante depois dessa atitude. No mesmo ano, Deus lhe abençoou com um filho, chamado Samuel. Essa mulher saiu de uma espera passiva para uma espera ativa. Ela não só se lamuriou, mas tomou decisões práticas que

A chave

lhe deram esperança sobre o que viria. Ela enxergou outras possibilidades. Não sabemos se Ana tinha certeza de que Deus lhe responderia com um filho, mas ela tinha certeza daquilo que faria. Foi uma mudança radical de atitude.

Esperar não nos coloca em uma posição passiva de paralisia, mas nos abre os olhos para novas perspectivas. No caso de Ana, essa nova perspectiva trouxe para ela a esperança de um futuro. Ela foi muito corajosa ao fazer uma oração em que não só pedia para receber algo, mas se comprometia em não tomar isso para si e o devolver em adoração e gratidão ao Senhor.

A espera é ativa porque nela desenvolvemos capacidades que só poderiam surgir naquele momento. Exercer nossa fé, perseverar, adquirir paciência, lidar sabiamente com o presente, ter um coração contente e grato, tudo isso e outras muitas habilidades são desenvolvidas em uma posição de espera.

Por muito tempo eu sentia que, enquanto nosso bebê não viesse, o projeto do Senhor para nós não se desenvolveria. Ao me perceber diferente durante o processo, entendi que havia um trabalho precioso e muito grande da parte de Deus para mim. Eu havia aprendido a me portar de uma maneira que nunca me seria natural, se não houvesse passado por tudo que passei.

Na Espanha, tínhamos uma amizade muito especial com um casal de missionários americanos, Deric e Amber. De vez em quando, eles nos levavam para fazer algumas trilhas com o objetivo de conversarmos e de nos fazer refletir. Em uma dessas trilhas, Deric nos disse que não tinha problema passar por um tempo de dúvidas, de não saber muito bem qual o nosso propósito e sentir que as coisas não saíam do lugar. Ele falou sobre olharmos com carinho para o momento em que estávamos e finalizou dizendo algo que eu nunca mais esqueci: "Minha missão não é o final, minha missão é o caminho."

É isso. Aquilo que temos que fazer não se encontra no final do caminho, o que é mais importante e nosso maior objetivo não é só chegar lá. Durante a caminhada podemos encontrar propósitos diários naquilo que está em nossas mãos, no hoje. Deus não nos convida para uma caminhada cega em direção a um objetivo final, na qual corremos cansados e perdidos. Ele nos dá o presente de trabalhar ativamente ao longo da jornada.

Lembra que comentei no início deste livro sobre a sensação de estar me sentindo inútil enquanto não chegava a uma posição definida em minha vida? Só porque eu ainda não havia definido o que faria com o futuro, ou porque ainda não era mãe, sentia que não estava cumprindo a minha missão. Foi ouvindo essa frase do meu amigo que passei a ver tudo aquilo que o Senhor havia colocado em minhas mãos para fazer naquele momento. Eu estava trabalhando ativamente na igreja, liderando os jovens, fazendo discipulado com meninas, dando apoio ao Rafa para que ele pudesse estudar e trabalhar,

A chave

mexendo com nosso canal no YouTube. Essa era a minha missão para aquele tempo. E ela merecia o meu melhor.

Ao se envolver de forma ativa na espera, Ana fez parte de uma história poderosa que Deus escreveu. Ela entendeu que sua missão final não era ter um filho, mas tudo aquilo que o Senhor já estava fazendo na vida dela e iria fazer a partir da vida dele. Samuel se tornou uma figura muito importante na Bíblia, foi um grande profeta e ungiu o Rei Davi, que fez parte da genealogia de Jesus. A história não era só sobre o desejo de Ana, nem só sobre quem seria Samuel futuramente. A história tinha como fim direcionar para Cristo.

Um dos poemas mais fortes e bonitos na Bíblia é a canção de Ana, feita quando ela entregou Samuel no tabernáculo para o serviço a Deus. Palavras de uma mulher que conheceu e confiou no verdadeiro Deus. Que essa seja a nossa oração enquanto esperamos:

> *"Meu coração exulta no Senhor; no Senhor minha força é exaltada. Minha boca se exalta sobre os meus inimigos, pois me alegro em tua libertação. Não há ninguém santo como o Senhor; não há outro além de ti; não há rocha alguma como o nosso Deus."* (1 Samuel 2:1-2)

ORAÇÃO

*"**Querido Deus**, entrego a chave do meu carro a Ti. Somente o Senhor é digno de conduzir a minha vida! Peço que, sempre que existir em mim o desejo de controle sobre o meu futuro, o Senhor possa abrir os meus olhos e me lembrar que estás no controle. Reconheço e me arrependo do pecado de endeusar os meus sonhos e quero aprender a verdadeiramente entregá-los diariamente ao Senhor. Use a minha vida para que o seu nome seja glorificado. Em nome de Jesus, amém."*

Capítulo 3
O CORAÇÃO

ENDEUSANDO NOSSAS VONTADES

Eu sempre gosto de perguntar para as pessoas: "Se você tivesse uma máquina do tempo, preferiria voltar ao passado ou conhecer o futuro?" Sem dúvida alguma, a minha resposta seria o futuro. O meu anseio por ter alguma certeza me faz querer saber como eu estaria em dez anos. Se os filhos viriam mesmo, se estaríamos vivendo a vida que sonhamos, se perguntas seriam respondidas.

Quanta vontade de ter certezas! E não só certezas, mas o prazer de ver tudo aquilo que sonhamos sendo realizado. O nosso desejo de realizar é tão grande que poderíamos ter um altar em nossa casa com todos os nossos sonhos.

Em seu livro *O Deus que destrói sonhos*, o autor Rodrigo Bibo fala sobre como colocamos Deus em uma posição de gênio da lâmpada,

ENQUANTO ISSO

ao invés de Senhor de nossas vidas. Um dos trechos diz:

> *"Deus tem sim planos e 'sonhos' para nós, mas eles dizem respeito à sua obra e missão na terra e à maneira com que somos encaixados nessa tarefa. Quando Paulo afirma em Romanos 8:28 que 'Deus faz todas as coisas cooperarem para o bem daqueles que o amam e que são chamados de acordo com seu propósito', ele está reforçando a seguinte ideia: tudo coopera, tanto as coisas boas como as ruins, para que a gente trabalhe nossa salvação com temor e tremor, e desenvolva nosso chamado. E que chamado é esse? Viver as boas novas."*[1]

"Às vezes queremos sonhos que são tão válidos e nobres que nem parece que podem estar no lugar errado em nosso coração. Formar uma família, ter um bom emprego, obter determinado cargo, receber a cura de uma doença, entrar em uma faculdade... Tudo isso é realmente muito digno do nosso esforço e vontade. Mas existe um perigo muito grande de o desejo por nossos sonhos se tornar maior que nosso desejo pela vontade de Deus, isto é, maior do que a vontade de viver o verdadeiro evangelho.

---

[1] BIBO, Rodrigo. *O Deus que destrói sonhos*. Rio de Janeiro: Thomas Nelson, 2022, p. 50.

O coração

Um dos livros que me ajudou muito durante o processo de espera foi *O lugar da espera na vida cristã*, da autora Vanessa Belmonte. Em um dos trechos, ela diz:

> "[...] precisamos reconhecer que nossa capacidade de desejar — o que queremos e o que amamos — foi afetada pela Queda, está distorcida e também precisa de redenção. [...] A capacidade de desejar, de sonhar, de imaginar o futuro nos foi dada por Deus. Precisamos aprender a exercitá-la em sintonia com a vontade dele para nós."[2]

Pode ser que nossos desejos mais profundos tenham que passar pela cruz e serem reorganizados na nossa escala de valores. Buscar em primeiro lugar o reino de Deus exige de nós um abandono do pecado de endeusar nossas vontades, para que então as outras coisas sejam acrescentadas (Mt 6:33).

O pastor americano Tim Keller, no livro *Deuses Falsos*, fala sobre as várias idolatrias que temos implantadas em nosso coração:

> "O coração humano toma coisas boas como uma carreira de sucesso, amor, bens materiais, e até a família, e faz delas seus bens últimos. Nosso

---

[2] BELMONTE, Vanessa. *O lugar da espera na vida cristã*. Rio de Janeiro: Thomas Nelson, 2021, pp. 43–44.

ENQUANTO ISSO

coração as diviniza como se fossem o centro de nossa vida porque achamos que podemos ter significado e proteção, segurança e satisfação se as alcançarmos."[3]

É verdade que ter uma vida cheia de sonhos realizados é prazerosa, mas só encontramos satisfação completa em Deus e em sua vontade. Essa vontade envolve reconhecimento dos nossos pecados, entrega dos nossos maiores sonhos e abandono dos nossos ídolos. Só assim saberemos discernir se o que queremos é mesmo aquilo que Deus quer, ou se é só um desejo e vaidade do nosso coração.

RECEBENDO O SIM

Em março de 2019 nós começamos um novo tratamento para tentar engravidar. Esse procedimento, chamado coito programado, envolvia alguns remédios, ultrassons e uma injeção, mas nada muito invasivo comparado ao que eu já havia passado. Seria nossa última chance antes de partirmos para a fertilização *in vitro*. Eu havia combinado com o Rafa que seria minha última tentativa e que precisaria de um tempo depois para descansar. Eu sentia que estava

---

[3] KELLER, Timothy. *Deuses falsos.* São Paulo: Edições Vida Nova, 2018, p. 13.

precisando de uma pausa física e emocional. Passei por uma cirurgia e depois comecei a tomar alguns remédios.

    A última etapa do tratamento foi em agosto, quando recebi uma ajudinha para que eu pudesse ovular mais, e a médica acompanhou o crescimento desses óvulos. No último ultrassom, ela nos disse que havia três óvulos e que, então, poderiam tornar-se um, dois ou três bebês. Me lembro de completar a frase dela com "ou nenhum". Eu já estava bem calejada. Não era falta de fé, era a certeza de que tudo podia acontecer e, se não acontecesse, era porque Deus queria assim; e tudo bem.

    Chegando perto da data de fazer o teste de gravidez, eu me vi mudada. Em todas as outras vezes, na noite anterior ao teste, eu não dormia e tinha crises de ansiedade. Mas dessa vez meu coração estava mais preparado que nunca para outro não. O sim já não era mais o centro da nossa vida. Lembro-me de ter dormido muito bem aquela última noite antes da notícia. Nós havíamos passado um dia todo fazendo trilhas, indo em cachoeiras, cheguei em casa bem cansada, nem lavei o cabelo e capotei.

    Pela manhã, acordei para ir ao banheiro e pensei "Ah, mais tarde eu faço o teste". Esse era um comportamento nada típico meu. Voltei a dormir e, quando acordei mais tarde, decidi fazer. Estava sentada no vaso, bocejando e quando olhei para o teste, uma segunda linha começou a aparecer.

ENQUANTO ISSO

Isso nunca havia acontecido antes. Comecei a tremer, falando diversas vezes "não é possível, não é possível". Fiquei totalmente sem reação, sem saber o que fazer. Liguei por FaceTime para uma amiga que havia feito um teste positivo uns dias antes, mostrei o meu para ela e perguntei se eu estava doida em ver uma segunda linha ali.

Eu não estava doida. Depois de 32 negativos, tinha em minhas mãos meu primeiro teste positivo de gravidez.

As semanas seguintes a esse episódio foram bem esquisitas. Eu estava feliz, nas nuvens, mas ao mesmo tempo com medo e insegura. Decidi, então, contar para alguns familiares e amigos para que pudessem ajudar a minha ficha a finalmente cair.

Foi maravilhoso celebrar com aqueles que haviam caminhado conosco durante esse tempo todo. Percebemos que ao dividir com pessoas queridas aquilo que estávamos passando, além de não nos sentirmos sozinhos, de certa forma a nossa espera também virou a espera delas. No final das contas, a espera não só nos serviu para edificação pessoal, mas também para os que estavam à nossa volta acompanhando o processo e orando por nós. Viver em comunidade tem realmente um gostinho muito especial!

No dia 11 de setembro de 2019 fomos fazer o primeiro ultrassom para ver se eu realmente havia engravidado e se tudo estava indo bem. Quando a tela abriu, não havia apenas um

O coração

embrião... "Opa, tem dois embriões aqui!", disse a médica. Fecho os meus olhos agora e consigo reviver exatamente a sensação de êxtase que senti naquele momento. Olho para o lado, vejo o Rafa filmando com o celular e com um sorriso que dava muitas voltas em seu rosto radiante. Logo em seguida ouvimos os batimentos cardíacos daqueles dois pequenos embriõezinhos. O som do milagre da vida! Meu coração parecia explodir de tanta alegria. O Senhor não nos estava abençoando com uma simples gravidez. Ele estava nos dando em dobro. Saímos daquela sala de ultrassom, corremos para fora da clínica e ali na calçada nos abraçamos e choramos muito de alegria. "São dois bebês, são dois!"

Abundância, alegria, fidelidade, misericórdia e graça de Deus — era tudo isso e mais um pouco que sentia ao mesmo tempo. Foi o dia mais feliz da minha vida.

Era tão claro, para mim, tudo aquilo que o Senhor havia trabalhado em nós, que eu só conseguia agradecer por todos os nãos. É como se aquele processo, que por muitas vezes me pareceu cinza, tivesse ganhado sentido e muitas cores. Deus não queria só nos presentear com um sim em dobro, Ele queria chegar de mãos dadas conosco no final dessa maratona e nos mostrar o sentido de tudo aquilo que havia feito em nós.

Ele não estava distante. Nunca esteve. E eu o via claramente neste sim. A presença dele era palpável dentro daquela sala de ultrassom, da mesma forma que era palpável no meu quarto com os vários testes negativos em mãos. Esse é o nosso Deus. Ele não é um gênio da lâmpada que existe para realizar nossos desejos, Ele é muito melhor. Ele é o Pai que caminha perto de nós enquanto as coisas não acontecem. Ele é o Filho que carrega a nossa cruz e nos dá uma nova vida de sins que o não da morte não pode tirar. Ele é o Espírito que habita em nosso coração, não o permitindo se afundar em desespero à noite enquanto a alegria não vem pela manhã.

Acreditamos muitas vezes que, ao receber um sim de Deus, as coisas magicamente se transformam, tudo se encaixa e só assim temos perspectiva de futuro. Em seu livro *O Deus que destrói sonhos*, Rodrigo Bibo chama essa expectativa de que Deus faça tudo o que queremos de "teologia da Xuxa". Em um dos trechos de uma de suas famosas músicas, a rainha dos baixinhos diz "tudo o que eu quiser, o cara lá de cima vai me dar". Realmente, essa seria uma música para crianças que ainda não obtiveram uma maturidade de vida para entender que não é bem assim como as coisas funcionam com Deus. É justamente passando por diversos nãos com Ele que encontramos sentido na vida e amadurecemos em nossa fé.

Receber aquilo que tanto esperamos faz parte de um processo que o Senhor ainda não acabou em nós. Provavelmente, no futuro, enfrentaremos novamente a batalha pela espera de alguma outra coisa e mais uma vez estaremos sendo moldados pelo Espírito Santo em áreas que ainda precisarão ser trabalhadas.

Como vimos no capítulo 1, a vida é essa espiral. Os momentos difíceis geram a perseverança (paciência), que gera o caráter aprovado (experiência), que gera a esperança (Romanos 5:3-5). Já o texto de Tiago diz o seguinte:

> *"Meus irmãos, considerem motivo de grande alegria o fato de passarem por diversas provações, pois vocês sabem que a prova da sua fé produz perseverança. E a perseverança deve ter ação completa, a fim de que vocês sejam maduros e íntegros, sem lhes faltar coisa alguma."* (Tiago 1:2-4)

A Bíblia afirma que passaremos por diversas provações e que devemos encontrar alegria nelas, porque é neste lugar que nossa fé será provada e gerará perseverança. E a perseverança é a responsável por lidarmos com os próximos momentos de batalhas e esperas, de forma madura, para então recebermos um sim. Esse é o método do Senhor para operar em nossas vidas. Não é sobre o sim, é sobre aprender a caminhar com Deus em todas as etapas, inclusive nos nãos.

MOLDADOS PELO MEDO

"Engravidei. E agora?" Fazia duas semanas que eu sabia que havia engravidado e percebi que estava sendo bem diferente do que eu imaginava. No começo das tentativas de engravidar, demorei para conseguir encontrar o Senhor, mas, quando consegui achá-lo, eu o via sempre presente. Espiritualmente, eu era fértil por completo. Tudo o que eu lia gerava frutos, os louvores me levavam a lugares mais profundos, a dor me aproximava de Deus e eu me tornava íntima dele no sofrimento. É como se a dor já fosse um ponto de encontro conhecido por mim e por Cristo, e nos encontrávamos ali todos os dias. Foi onde encontrei conforto, segurança, paz, companhia e até mesmo alegria. A alegria de entender Deus como suficiente para mim.

De repente, tudo aquilo que eu sempre pedi, quis, chorei e clamei estava no resultado de um teste de gravidez. Tudo aquilo que eu havia aprendido a abrir mão, entregar por completo e entender que talvez eu poderia não receber, estava bem ali, na minha frente. Era um sim.

Em todo esse tempo de luta contra a infertilidade, meu maior desejo era a resposta de um gigante e glorioso **sim**. E eu realmente acreditei que o que tirava a minha paz eram todos os nãos. Eu tinha aprendido tanto a lidar com o não e aceitá-lo como dádiva que havia chegado ao ponto de aceitar a possibilidade de eu ser uma das milhões de mulheres que não podem gerar uma criança biologicamente. Quando eu abracei esse não, veio um sim.

Como lidar com esse sim? Eu tinha certeza de que era mais difícil lidar com o não. Mas não é

O coração

bem assim, o não é um não e ponto. "O não você já tem", ouvimos muito, não é mesmo? É porque, no final das contas, o não é uma certeza, é ter o nada. Viver uma vida de entrega a Deus quando temos tudo, esse sim é o desafio. Pegar tudo o que temos de mais precioso e entender que absolutamente nada disso é nosso, mas sim do Senhor, é a nossa luta diária.

De repente, eu tinha tudo dentro do meu útero. Era um sim. Mas eu não tinha a certeza desse sim. Nem nunca teria. Talvez o não voltasse afinal. Eu poderia perder os bebês nas próximas semanas ou poderia chegar a tê-los, mas então enfrentarmos algum problema de saúde. Existiam inúmeras possibilidades de novos nãos.

Isso acontece porque ser alegre é ser vulnerável. Tish H. Warren, uma escritora que também teve dificuldade de engravidar e sofreu até alguns abortos espontâneos, ilustra bem isso. Ela conta como foi quando finalmente engravidou e foi contar para suas filhas:

"Quando descobrimos que estávamos grávidos de novo, nós tivemos uma conversa com nossas filhas para lhes contar. A nossa filha mais nova respondeu pulando animada, rodopiando de alegria e beijando a minha barriga inchada. A nossa filha mais velha começou a chorar copiosamente e colocou a cabeça no colo do pai dela, lamentando: 'Esse bebê vai morrer de novo!' Ela ainda lembrava o sentimento de perdermos nosso fôlego

juntos quando nosso coração partiu. Ela lembrou o funeral que fizemos para o seu irmão morto. Essa notícia, por mais alegre que fosse, fez uma antiga dor, um trauma, brotar. O amor envolve risco e amar de novo significa arriscar de novo."[4]

"Ou seja, ao receber um sim, entendi o que realmente me deixava inquieta: na verdade, tendo tudo ou nada, o controle da minha vida nunca havia sido e nunca seria meu. O risco do amor é o risco de perder o controle.

Por isso, uma das maiores sensações que temos ao perder o controle das situações é o medo. Eu não tinha ideia do quanto o medo poderia me paralisar até enfrentar aquela situação na qual eu entendi que nada mais dependia de mim.

Em outras palavras, ao entregarmos a chave do nosso carro, acontecem duas coisas: ou experimentamos o descanso ou o medo nos abraça. Medo de as coisas não saírem da forma que planejamos, medo do desconhecido, medo de fracassar, medo de perder tempo, medo de fazer a escolha errada, medo do futuro não satisfazer todas as nossas necessidades. Aprender a entregar nossas vidas nas mãos de Deus é muito necessário, mas precisamos, junto com a entrega, aprender a confiar e deixar o medo.

---

[4] WARREN, Tish H. *Oração da noite*: Para quem trabalha, vigia e chora. São Paulo: Pilgrim; Rio de Janeiro: Thomas Nelson Brasil, 2021, p. 201.

O coração

É muito comum que o medo apareça em um tempo de espera. Afinal, esperar é, de certa forma, se entregar ao desconhecido, ao incerto. E isso é normal. Ninguém pula de um penhasco escuro sem ter medo do que vai encontrar lá embaixo. O problema não é sentir o medo, mas deixar nossa vida ser guiada por ele. Quando vivemos uma vida em que o medo dita os nossos passos, existem alguns perigos.

PERIGO 1: DISTORÇÃO DA REALIDADE

O primeiro deles é uma mudança de perspectiva. Eu percebi que o medo estava mudando a minha perspectiva sobre as coisas quando passei a olhar para as situações sem esperança. Sabe quando estamos dentro do carro, o para-brisa está sujo e vemos tudo distorcido? O medo é essa sujeira que precisa ser retirada para que então possamos voltar a ver a realidade da perspectiva correta.

Já vi pessoas que, de tanto esperar por algo que não acontece e ter medo de isso nunca chegar, passaram a ver o mundo sem esperança e alegria. Começam a achar que aquilo de bom que acontece na vida das outras pessoas não deve ser real, só pode ser mentira. A inveja é bem cínica.

Outra reação possível é pensar "tudo dá certo para todos, menos para mim". Isso aconteceu comigo por um tempo. Entrei em uma espiral de autocomiseração gigantesca, sentindo pena de mim mesma, sem nem ter ideia de que isso era um pecado. No nosso segundo ano de tentativas de gravidez, quase todos os nossos casais de amigos engravidaram; todos eles sem ter feito grandes esforços. "Engravidamos de primeira" foi a frase que eu mais ouvi durante aquele tempo. Me lembro de uma amiga que foi em casa me contar que estava grávida e eu me alegrei muito por ela naquele momento. Mas assim que ela saiu de casa e eu fechei a porta, fui para o meu quarto, me ajoelhei em frente à cama e joguei a real com Deus: "Por que isso só acontece com os outros e com a gente não?"

Para voltarmos a ter uma perspectiva real sobre a vida, precisamos nos arrepender do medo que tem sujado a nossa visão e pedir a ajuda de Deus para nos conduzir a olhos limpos e esperançosos. Na Bíblia, o profeta Jeremias fala:

> "Todavia, lembro-me também do que pode dar-me esperança." (Lamentações 3:21)

Eu repetia esse versículo diversas vezes quando percebia que acordava com uma perspectiva suja sobre a vida. Nossa memória às vezes só consegue enxergar o que está acontecendo de errado ou da forma que não gostaríamos. Porém, o convite de Deus para nós é outro:

> "Tudo o que for verdadeiro, tudo o que for nobre, tudo o que for correto, tudo o que for puro, tudo o que for amável, tudo o que for de boa fama, se houver algo de excelente ou digno de louvor, pensem nessas coisas." (Filipenses 4:8)

Todos esses pensamentos devem encher nossa mente para que então o medo possa ser substituído pela esperança.

PERIGO 2: "SERÁ QUE DEUS É BOM?"

O segundo perigo de sermos guiados pelo medo é que podemos questionar se Deus é realmente bom. Algumas coisas podem confundir nossa ideia sobre a natureza de Deus: enfrentar a realidade da vida, ver o sofrimento das pessoas e entender que o mundo talvez seja mau. Nossa perspectiva muda no sofrimento a ponto de questionar a nossa fé: "Se ele não resolve o mundo, ou não sacia as minhas vontades, talvez Deus não seja tão bom assim." No evangelho de Lucas, Jesus nos diz:

> "Qual pai, entre vocês, se o filho lhe pedir um peixe, em lugar disso lhe dará uma cobra? Ou se pedir um ovo, lhe dará um escorpião? Se vocês, apesar de serem maus, sabem dar boas coisas aos seus filhos, quanto mais o Pai que está no céu dará o Espírito Santo a quem o pedir!" (Lucas 11:11-13)

Deus como nosso Pai, um Pai melhor do que qualquer outro, sabe exatamente aquilo que nos falta. E o texto finaliza dizendo que aquilo que nós realmente precisamos, mais do que sonhos e desejos realizados, é do Espírito Santo.

O Espírito é capaz de nos trazer discernimento do tempo de Deus para cada um de nós.

ENQUANTO ISSO

Ele é capaz de reorganizar nossos desejos e redirecionar nosso passos. Ele é capaz de nos trazer consolo quando a espera pesa. Muitas vezes não estamos recebendo aquilo que pedimos porque não pedimos aquilo que realmente precisamos. O Espírito, sim, sabe qual é nossa verdadeira necessidade, e é por isso que precisamos dele. Em Romanos 8, nos versículos 26 e 27 lemos:

> *"Da mesma forma o Espírito nos ajuda em nossa fraqueza, pois não sabemos como orar, mas o próprio Espírito intercede por nós com gemidos inexprimíveis. E aquele que sonda os corações conhece a intenção do Espírito, porque o Espírito intercede pelos santos de acordo com a vontade de Deus."*

Deus não é quem gostaríamos que Ele fosse, Deus é quem Ele é. O livro de Êxodo nos lembra bem dessa verdade quando, no capítulo 3, encontramos Deus descrevendo a si mesmo como "Eu Sou o que Sou". Moisés passaria muitos dos próximos anos fugindo com o seu povo da opressão egípcia, a caminho da Terra prometida. Essa foi uma das primeiras palavras que o Senhor deu a ele, talvez para que, mesmo em meio a tamanha dificuldade e espera, ele não se esquecesse que quem lhe havia chamado era o próprio Deus, o grande Eu Sou.

Devemos confiar na natureza boa de Deus. Nosso coração insatisfeito e interesseiro enxerga

O coração

Deus de acordo com as nossas próprias vontades, mas isso não muda quem Ele é. Deus é bom, sempre bom, muito bom.

PERIGO 3: CORAÇÃO AMARGURADO

E por último, ao ter uma perspectiva suja sobre a vida, questionando a Deus se ele realmente é o que diz ser, caímos no terceiro perigo de sermos dominados pelo medo: nosso coração pode se amargurar.

A Bíblia nos diz que, acima de tudo, devemos guardar nosso coração, pois dele procedem as fontes de vida (Provérbios 4:23). Um coração amargurado é como ervas daninhas em um solo que poderia ser fértil. Tudo que poderia gerar vida é sufocado pela amargura que o medo traz.

E isso é um perigo não só para nós, mas também para as pessoas que estão à nossa volta, por precisarem conviver com a nossa amargura. Corremos o risco de envenenar nossos relacionamentos mais próximos, ao deixar que do nosso coração não jorre fontes de vida — palavras de gratidão, de alegria e de ânimo.

É claro que podemos, sim, ter dias em que acordamos frustrados e desanimados. Contudo, mesmo nesses dias, encontramos no nosso coração, moldado por Deus, forças para cortar essas ervas daninhas, cuidar para que deste solo cresçam raízes fortes, que um dia possam dar bons frutos a quem passar por nossa vida.

ENQUANTO ISSO

O medo pode sabotar a espera ao nos paralisar. Essa sensação de ter os pés presos no barro, de não estar saindo do lugar, era uma das maiores sensações que eu tinha ao esperar por uma gravidez que nunca vinha. Foi quando comecei um plano de leitura bíblico e, estudando a história de José, percebi que podíamos aprender muitas coisas sobre a espera.

José, cheio de vigor e de sonhos, foi vendido como escravo pelos seus irmãos quando ainda era jovem. Depois desse acontecimento trágico, ele foi abençoado por Deus e conseguiu um bom cargo dentro da casa do seu senhor no Egito. Porém, após algum tempo, acabou sendo preso injustamente. Ele ficou na prisão por dois anos até que pudesse ter a oportunidade de mostrar que era um homem bom e que não merecia estar ali.

Na vida de José, parece que de repente as coisas pararam de funcionar. As engrenagens, que faziam a vida girar a seu favor, mesmo em meio às dificuldades, travaram. Pode ser que, na perspectiva dele, estar preso por tempo indeterminado, sem ter feito absolutamente nada para merecer isso, era como estar paralisado, perdendo tempo de vida, e como se tudo estivesse emperrado.

Mas não, nós, que vemos sua história de fora e podemos conhecer o final (narrado no livro de Gênesis, capítulos 37 a 50), percebemos claramente que, de alguma forma, as engrenagens continuavam girando. A história não parava e,

O coração

enquanto ele esperava, Deus preparava pessoas e situações para o que viria em sua vida. Deus tratava o seu orgulho, lapidando o seu caráter em direção à humildade. Pela misericórdia de Deus, José foi liberto da prisão depois de dois anos se tornou Governador do Egito. Foi quando ele teve a oportunidade de encontrar seus irmãos, se reconciliar com eles, além de salvar o povo eleito de Deus da fome através da interpretação dos sonhos de faraó. Foram 13 anos desde o dia em que José foi vendido por seus irmãos até o dia em que chegou a uma posição de honra.

As engrenagens continuam funcionando na nossa vida também. O lugar da espera não é um lugar de receber a resposta que queremos, mas é onde aprendemos a enxergar outras coisas funcionando. A máquina da nossa vida, conduzida por Deus, possui engrenagens que nunca descansam, porque, mesmo quando nos sentimos paralisados, Deus trabalha por nós e em nós. O medo pode nos paralisar, mas a vida que Deus tem para nós continua. João nos diz em uma de suas cartas:

> *"No amor não há medo; pelo contrário o perfeito amor expulsa o medo."* (1 João 4:18)

Viver uma vida guiada pelo amor de Deus significa ter nossos medos lançados fora diariamente. O medo já não nos molda, nem nos guia, porque nosso coração foi preenchido e resgatado pelo poderoso e suficiente amor de Deus.

ORAÇÃO

Senhor Deus, reconheço que muitas vezes tenho permitido o medo moldar o meu coração, me fazendo duvidar da tua bondade e de quem o Senhor é. Abra os meus olhos trazendo novas perspectivas sobre esse tempo de espera. Confio em Ti e em todo o trabalho que o Senhor tem feito em caráter durante esse tempo difícil em minha vida. Sei que não é em vão. Obrigado por lapidar o meu caráter e pela oportunidade de, a cada dia, me tornar mais parecido com o Senhor. Em nome de Jesus, amém.

Capítulo 4
O MAR

É SUFICIENTE?

Uma das grandes sensações que temos ao passar por um tempo de espera é a da falta. Realmente, se estamos esperando por algo, é porque desejamos o que não temos, ou seja, algo está faltando. É como estar com fome na fila da padaria, desesperado por um croissant, que está ali na vitrine, quentinho e cheirosinho, mas precisando esperar as várias pessoas que estão na sua frente. Se alguém naquele momento perguntasse se você está precisando de algo, com certeza sua resposta seria "sim, um croissant". Quando sabemos o que queremos, mas ainda não podemos alcançar, parece que a falta fica ainda maior.

Muitas pessoas nos diziam que o momento para um casal tentar ter filhos seria quando eles se olhassem e sentissem que estava faltando algo.

ENQUANTO ISSO

Mas nós não tivemos esse momento como ponto de partida para a decisão de ter filhos. Como casal, sempre nos bastamos muito, porque somos muito amigos e companheiros. A nossa vontade de ter filhos era por ter a certeza de que queríamos viver a paternidade e a maternidade, junto com uma vontade de ter uma família grande. Porém, se a falta não veio antes da decisão, ela veio no primeiro teste negativo. E a sensação foi crescendo a cada não que recebíamos. Chegamos a um ponto em que, quando víamos casais com filhos, olhávamos um para o outro com um olhar de "nós não temos, é isso que está faltando".

E assim somos nós, seres humanos. Sentimos que há uma falta, por isso desejamos, esperamos, recebemos. Pelo menos esse parece ser o ciclo perfeito da vida. Mas como passar pelo processo da espera, sem viver na angústia todos os dias, sentindo que nos está faltando alguma coisa?

Vivi por um bom tempo assim. Me sentia sufocada por não conseguir encontrar contentamento e satisfação no presente. Afinal, havia coisas com as quais eu estava sendo presenteada todos os dias: a vida dos meus pais, ótimo relacionamento com meus sogros, um casamento forte, amigos incríveis, um ministério abençoado, um teto que nos abrigava, uma cama para dormir... mas não conseguia engravidar. Pronto, motivo suficiente para sentir que nada andava, que as coisas não davam certo e que eu não tinha tudo aquilo que eu precisava.

O mar

Foi como Adão e Eva no jardim do Éden, nos primeiros capítulos de Gênesis. Deus havia criado para eles um jardim lindo, completo e cheio de frutos. Ele próprio vinha conversar diariamente com eles, como um amigo próximo. Sua presença enchia aquele lugar. Adão e Eva haviam recebido toda aquela abundância de graça. Mas, quando houve a tentação e o primeiro pecado, tudo que eles conseguiram pensar foi naquela única árvore que Deus havia restringido. Não adiantava ter 99 árvores com frutos deliciosos disponíveis, se Deus não havia dado a eles também aquela árvore proibida. A falta falou mais alto do que toda a abundância da generosidade de Deus.

No dia em que entendi que eu poderia talvez nunca engravidar, eu pensei: "E agora? Isso sempre vai me faltar?" Foi chegando nesse pensamento que eu percebi que algo em mim deveria mudar.

Existe um episódio muito interessante na Bíblia, contado na história de Sadraque, Mesaque e Abede-Nego, amigos de Daniel. O rei Nabucodonosor governava naquela época a Babilônia, onde boa parte do povo de Israel estava exilado. Ele construiu uma estátua de ouro gigantesca e ordenou que todos se prostrassem diante dela em adoração. Quem se negasse seria jogado numa fornalha em chamas.

Ao soar da trombeta, todos se ajoelharam, menos os três amigos. O rei, indignado, mandou lhes chamar e ameaçou jogá-los imediatamente

ENQUANTO ISSO

na fornalha se eles não se prostrassem mais uma vez . Eles então responderam ao rei:

> "*Ó Nabucodonosor, não precisamos defender-nos diante de ti. Se formos atirados na fornalha em chamas, o Deus a quem prestamos culto pode livrar-nos, e ele nos livrará das suas mãos, ó rei. Mas, se ele não nos livrar, saiba, ó rei, que não prestaremos culto aos seus deuses nem adoraremos a imagem de ouro que mandaste erguer."*
> (Daniel 3:16-18)

Encontramos nessa história três amigos que amavam a Deus independentemente de tudo. A devoção e o amor a Deus não eram condicionados pelo que Ele fazia ou deixava de fazer. O Deus que eles conheciam e amavam já era suficiente. E estamos falando aqui de uma situação de vida ou morte: se Deus os livrasse eles sairiam vivos; se isso não acontecesse, eles morreriam.

Eu tenho certeza de que o desejo e a esperança desses homens eram que fossem libertos dessa situação. Mas a resposta deles é: "pode ser que isso aconteça, mas também pode ser que não; ainda assim, não deixaremos de honrar o nosso Deus." Viver ou morrer não importava, pois Deus era suficiente.

Isso mudou minha perspectiva sobre o momento da espera. Percebi que Deus não estava mais sendo suficiente para mim desde o dia em que começamos a tentar engravidar. A sensação de falta que eu tinha não era porque os filhos não vinham, mas porque meu coração não havia ainda aprendido que Deus basta.

Acredito que um dos nossos maiores desafios na caminhada da espera é aprender a não dizer mais: "Deus, eu confio em você porque você me dá isso ou aquilo", e sim dizer: "Deus, eu confio em você, me dando ou não aquilo que eu quero". Isso é entender Deus como suficiente e ter nossas sensações de falta deixadas de lado.

No livro de Filipenses, Paulo nos diz:

> *"Sei o que é passar necessidade e sei o que é ter fartura. Aprendi o segredo de viver contente em toda e qualquer situação, seja bem alimentado, seja com fome, tendo muito, ou passando necessidade. Tudo posso naquele que me fortalece."*
> (Filipenses 4:12-13)

Poder tudo em Deus não é poder alcançar todas as coisas que queremos. Na verdade, é sermos fortalecidos por ele enquanto suportamos e aprendemos a passar por qualquer situação. Esse é o segredo do contentamento e de ter uma vida que é suficiente em Deus.[1]

---

[1] Recomendo bastante esse livro sobre o contentamento, um tema ainda tão desconhecido: WILSON, Nancy. *Contentamento*: um estudo para mulheres de todas as idades. São Paulo: Trinitas, 2018.

ENQUANTO ISSO

UM NOVO NÍVEL DE CONFIANÇA

Era 16 de setembro de 2019 e eu já sabia que estava grávida dos bebês. O meu irmão mora no Havaí e eu estava começando uma longa viagem para ir visitá-lo e conhecer as minhas sobrinhas. Minha mãe também estava lá, e eu havia planejado fazer uma surpresa para todos eles ao contar da gravidez. Estava no avião indo de São Paulo, já tinha passado metade do voo, e eu ainda não havia conseguido dormir. O avião estava lotado, eu não achava posição confortável e, em uma dessas movimentações, senti algo sair de mim.

Fui ao banheiro repetindo na minha cabeça "Deus, por favor não, por favor não". Abaixei minha calça e estava tudo cheio de sangue. Muito sangue. Tudo ficou em silêncio. Eu não conseguia ouvir mais nada, meu corpo ficou completamente em choque. Depois de tudo que nós havíamos passado, não era possível. Fui tomada por uma tristeza dolorida, muito mais dolorida do que os 32 nãos de tentativas de gravidez.

Passei quatro horas do voo sangrando, sem saber se havia perdido meus bebês. Um dos pilotos me avisou que o protocolo era que, assim que o avião pousasse, haveria uma ambulância me esperando para me levar direto ao hospital. Quando o avião desceu em Chicago, onde era minha primeira conexão, em um clima muito tenso, os paramédicos me tiraram de dentro do avião direto para a ambulância. Parecia um pesadelo. A sirene alta, a polícia pegando meus

O mar

documentos, os paramédicos se comunicando pelo rádio com o hospital. Não parecia nem verdade. Durante o caminho todo do aeroporto ao hospital, fiz uma longa oração, da qual eu não me lembro de nenhuma palavra. O Espírito clamava por mim.

    Chegando no hospital, fiz vários exames e depois de umas duas horas intermináveis me trouxeram o resultado: os bebês estavam lá. Obrigada, obrigada e obrigada, Jesus! Não encontraram o motivo do sangramento, então me liberaram para voltar ao aeroporto e continuar a viagem. Não senti paz. De volta para a sala de embarque, ainda em choque, querendo só estar em casa com o Rafa, me levantei para ir ao banheiro e um sangramento muito mais forte veio, escorrendo pela minha calça. Eu só pensava: "Deus, não é possível, eu não aguento mais."

    Eu não conseguia tomar uma decisão. Não sabia o que fazer. Deitei no chão do aeroporto e comecei a chorar. Um funcionário do aeroporto de Chicago se aproximou e me perguntou: "Ei moça, por que você está chorando?" Expliquei toda a situação e, na mesma hora, ele começou a chamar os paramédicos pelo rádio.

    Tudo de novo. Me colocaram na maca e voltei para o hospital. Eu estava exausta física e emocionalmente. Refizemos os exames, os bebês novamente estavam lá. Obrigada Senhor! Decidi então parar a viagem e voltar para o Brasil. Queria estar perto do Rafa, do meu médico e também investigar o que estava acontecendo.

No caminho de volta, fui abraçada por diversas pessoas diferentes que nunca haviam me visto na vida. Em cada trecho da viagem, no hospital, no aeroporto, nos guichês da empresa aérea, na residência de um casal de brasileiros que eu não conhecia e me recebeu para eu poder repousar aquela noite em Chicago — em todos esses lugares eu fui abraçada. Lembro que, após o segundo sangramento, quando estava deitada no chão do aeroporto, chorando, um senhorzinho se aproximou de mim, encostou no meu ombro e disse "Eu estou orando por você". Eu percebia e sentia Deus em cada detalhe. No voo de volta, sentei perto de uma cantora cristã brasileira que eu sempre escutava, e ela liberou palavras de bênçãos sobre mim e sobre os bebês. Em tudo estava o Senhor.

Chegando ao Brasil, descobrimos que eu estava com um descolamento nos dois bebês e a partir daí era repouso total. Passei um mês deitada, o que não foi nada fácil para mim. No final dessa etapa, quando eu seria liberada, tive outro sangramento, apontando mais riscos para os bebês. No total, fiquei dois meses de cama. Quanta insegurança, quanto desconforto, quanto medo, e mais uma vez Deus me levava a um novo lugar: um nível mais profundo de confiança.

Todos nós temos níveis diferentes de confiança em nossos relacionamentos. Alguns amigos merecem um livro emprestado, por exemplo. A algumas pessoas confiamos um segredo. A outras, dirigir nosso carro. Outras podem cuidar dos nossos filhos e assim por diante. Cada um de nós determina a quantidade de confiança que damos a alguém, baseado em uma escala de merecimento. Pode ser que você confie em um amigo para emprestar algo que você gosta muito, mas não para contar-lhe seu maior segredo. As pessoas acabam sendo dignas ou não da nossa confiança, de acordo com a nossa experiência pessoal com elas.

E Deus? Será que ele é digno da nossa confiança? Essa resposta parece óbvia. Afinal, é claro que confiamos em Deus! Mas se paramos um pouco para pensar, realmente confiamos tudo a ele? Pode ser que estejamos nos relacionando com Deus assim como nos relacionamos com as pessoas e sendo seletivos naquilo que confiamos. Pode ser que confiemos que Deus nos dará o alimento diário, mas não que a vontade dele é realmente a melhor para nós.

Por isso Deus nos leva a um novo nível de confiança. Esse nível é necessário para que nós cresçamos espiritualmente e um dia sejamos levados para uma rocha mais alta do que nós mesmos (Salmo 61.2).

A história de Abraão e Isaque na Bíblia nos ensina muito sobre confiar de olhos fechados no Senhor. Abraão recebeu uma promessa de Deus de que seus descendentes seriam incontáveis como as estrelas do céu, porém ele e sua mulher Sara já eram velhos e não podiam ter filhos. Foi quando, depois de mais de 25 anos de espera, eles receberam seu primeiro filho, Isaque. Fruto de muita espera e resposta de uma grande promessa. Quão preciosa era a vida desse menino,

ENQUANTO ISSO

quanta esperança e expectativas do que aconteceria a partir dele! Tudo parecia se encaixar perfeitamente. Até que Deus fez um pedido a Abraão: sacrificar Isaque como oferta queimada. Só de pensar me dá arrepios.

Abraão pegou então seu filho Isaque, seu presente mais precioso, e juntos subiram o monte em direção ao sacrifício. Quase chegando lá, Isaque questionou seu pai onde estaria o cordeiro para o sacrifício e a resposta de Abraão foi: "Filho, Deus vai providenciar o cordeiro para a oferta queimada." Abraão cria no fundo do seu coração que Deus mudaria essa situação, mas, ao mesmo tempo, estava disposto a sacrificar aquilo que ele tinha de mais precioso. Ele simplesmente confiava em Deus. Quando Abraão levantou sua mão com uma faca, pronto para sacrificar seu filho, Deus lhe deu uma ordem de parar e lhe ofereceu um carneiro no lugar de Isaque. Que história!

Não sei qual sentimento você sente ao ler essa história, mas o meu é de indignação. Eu quero ser como Abraão, ter o peito e a coragem de entregar tudo nas mãos de Deus. Quero subir a um lugar mais alto, onde fortaleço minha confiança nele. Não sabemos o que passou na cabeça de Abraão na noite anterior a esse episódio ou o que sentia enquanto subia o monte. A única coisa que a Bíblia nos mostra é que ele obedecia e confiava.

Sua caminhada com Deus consistia nisto: obediência e confiança. Não foi da noite para o

O mar

dia, ele já havia passado por muitas situações em que sua fé fora fortalecida e ele teve a oportunidade de conhecer de perto o Deus a que servia, por isso essa atitude tão segura.

Ao passar por duas possibilidades de perda dos meus bebês, entendi claramente que o Senhor queria um novo posicionamento meu diante de receber algo que tanto esperávamos e que era tão precioso para nós. Ele queria encontrar em meu coração um novo nível de confiança. A oração que finalmente fiz, entregando a vida dos nossos filhos nas mãos de Deus, foi para que ele fizesse sua vontade. Foi a oração mais difícil da minha vida.

Deus testou a confiança de Abraão e sinto que ele testou a minha também. Não porque Ele é um Deus de testes, pelo contrário, porque creio que existem coisas que o Senhor quer fazer através de nós e, para isso, é preciso que sejamos levados a níveis mais profundos com ele.

Afinal, podemos fazer um paralelo da história de Abraão e o sacrifício do carneiro com a história da morte de Cristo, o cordeiro de Deus. Deus entregou o seu próprio filho como sacrifício, nos mostrando que ele daria tudo por nós. Como esse Deus seria indigno da nossa confiança? O evangelho é verdadeiramente a maior prova de que podemos confiar em Deus.

ORAÇÃO

Senhor, peço que me leve a níveis mais profundos de confiança em Ti. Para que neste lugar eu consiga Te entregar tudo aquilo que tenho de mais precioso. Já não quero mais estar interessado apenas em que o Senhor mude as minhas circunstâncias, mas principalmente Te peço para que o Senhor mude a mim. Transforme o meu coração de forma que o meu maior desejo seja experimentar a Tua vontade. Em nome de Jesus, amém.

Capítulo 5
A CASA

CONSTRUINDO O FUNDAMENTO

A matéria que mais detestei na faculdade de Arquitetura e Urbanismo foi a de Fundações. Era tão mais legal estudar aquilo que se podia ver: pilares, fachadas, telhados, divisões perfeitas de um espaço, que me parecia uma perda de tempo aprender a calcular estacas e fundações. Odiei tanto essa matéria que foi a única do curso inteiro que tive que fazer duas vezes. Reprovei na primeira vez por achar que ela não merecia a minha atenção.

    Quando nos deparamos com uma obra arquitetônica e nos encantamos com sua grandeza e beleza, nem nos lembramos que por baixo da terra existe um outro mundo, com uma infinidade de estruturas para que ela possa estar ali em pé. Aquilo que vemos parece ser mais importante do que aquilo que não vemos.

ENQUANTO ISSO

Isso era tão real na minha vida prática que eu me negava a entender um pouco mais sobre o que ia por debaixo da terra. Eu só queria aprender sobre o que podia ser visto.. Não reprovei só em uma matéria da faculdade. Reprovei nesse quesito também na vida. Pular a etapa de construir fundamentos e partir para a construção da casa, além de ser uma ideia nada inteligente, é insustentável. Jesus entendia isso muito bem:

> "Portanto, quem ouve estas minhas palavras e as pratica é como um homem prudente que construiu a sua casa sobre a rocha. Caiu a chuva, transbordaram os rios, sopraram os ventos e deram contra aquela casa, e ela não caiu, porque tinha seus alicerces na rocha. Mas quem ouve estas minhas palavras e não as pratica é como um insensato que construiu a sua casa sobre a areia. Caiu a chuva, transbordaram os rios, sopraram os ventos e deram contra aquela casa, e ela caiu. E foi grande a sua queda". (Mateus 7:24-27)

Jesus fez uma comparação entre duas pessoas. Uma ouve aquilo que ele diz e decide colocar em prática; a outra só ouve. A diferença está em nossas atitudes. Ouvimos muitas coisas de todos os lados: nos enchemos de pregações, livros, devocionais e devoramos conteúdos edificantes. Porém, existem verdades sobre Deus e sobre nossa vida com Ele que precisam ser colocadas em prática. Isso é o que Jesus chama de ter

A casa

fundamento. Não existe vida verdadeiramente alicerçada sem que haja atitudes.

A prudência do homem ou da mulher que constrói sua vida sobre um alicerce firme lhe traz como consequência uma casa que aguenta os tempos difíceis. A insensatez do homem ou da mulher que constrói sua vida sobre algo frágil lhe conduz à sua queda. Se queremos passar firmemente por todas as estações da vida, é necessário gastar tempo no fundamento. Construir nossa vida sobre um alicerce firme é um trabalho penoso. A despeito das aparências, ele merece nossa atenção.

Precisamos reconhecer que nossos maiores sonhos, desejos e planos, por mais nobres que sejam, não são dignos de serem chamados de alicerce. Eles merecem talvez serem compartilhados e testemunhados, colocados em uma fachada, demonstrando o quão bondoso e maravilhoso nosso Deus é. Porém, a fundação só pode ser firme se for ocupada pelo Único que é digno desta posição: Jesus. É ele quem nos leva a lugares que ninguém vê. É ele quem trabalha em áreas que nem nós sabíamos que precisavam de um bom trato antes mesmo de começar a obra. É ele quem sustenta a nossa fé e nos traz a esperança de um futuro melhor. Jesus é a rocha (1 Coríntios 10:4) que nunca muda (Hebreus 13:8). É por isso que só ele é digno de ser nosso alicerce.

Pode ser que passemos por momentos de espera com a sensação de que a qualquer momento tudo vai desabar. Precisamos então checar a fundação. Talvez começar do zero, se necessário. Percebi que minha casa caía toda vez que eu recebia uma notícia negativa sobre o processo de tentar engravidar, porque minha vida estava alicerçada sobre o sonho de ser mãe. Foi olhando para dentro e me rendendo a Jesus que entendi que minha casa havia sido construída sobre a areia e caído. Era hora de reconstruir.

Realmente, o trabalho de construir um alicerce firme é tão penoso quanto o de se construir uma casa. Porém só funciona porque nós não somos o construtor, como já dizia o salmista:

> *"Se não for o Senhor o construtor da casa, será inútil trabalhar na construção."* (Salmos 127:1)

Desperdiçamos nossa vida ao achar que podemos construir nossa casa sozinhos e fazer as coisas da nossa maneira. Deus é o construtor, e nós, a sua obra. Como aprendemos no capítulo dois, entregar as chaves e abrir mão da tentativa de controle sobre a nossa própria vida já são passos de quem quer ser (re)construído por Deus.

Afinal, existem coisas que o Senhor quer nos dar que têm um peso que só pode ser suportado por algo bem fundamentado. Veja bem, não podemos pedir a Deus que realize em nós certas coisas, se ainda não temos estrutura para recebê-las. Se você tem tentado fortemente construir paredes e pilares sem fundações, pare agora

A casa

mesmo. O trabalho do nosso construtor começa lá embaixo da terra. Para que a sua vida seja alicerçada na rocha e tenha estrutura para receber o que Deus tem para você, é preciso se encher de verdades fundamentadas na Palavra de Deus. O texto em Mateus 7 afirma que, ao ouvirmos o que Jesus nos diz e ao colocarmos em prática, seremos como um homem prudente que construiu a casa sobre a rocha, isto é, construiu uma vida alicerçada. Ao olharmos a Bíblia em Hebreus 13, em que são citados os heróis da fé, podemos contemplar grandes coisas que o Senhor fez através da vida de homens e mulheres que ouviram suas palavras, entregaram suas vontades e praticaram aquilo que Ele lhes ensinou.

Neste processo de alicerçar a minha vida em Deus enquanto eu esperava por uma gestação, aconteceu algo que me fez refletir. Eu achava que alicerçar a minha vida em Deus era uma fórmula perfeita. Ou seja, aprendemos a ter Deus como fundamento e então estamos completamente prontos para receber aquilo que Deus quer fazer em nós. Não é bem assim; mesmo quando temos uma vida alicerçada nele e nos sentimos prontos para receber algo, quem determina esse tempo é o próprio Deus.

Aconteceu uma situação dias antes de eu descobrir que estava grávida, na qual nitidamente percebi que não estava pronta para receber esse presente. Escrevi no meu diário "ainda não estou pronta para receber o que o Senhor tem para mim". Na minha cabeça, o processo de espera teria uma ordem de fatos e, no final, eu já estaria perfeita, pronta e madura o suficiente para receber. Eu olhava histórias de outras pessoas, acreditava que a nossa podia ser igual e que, em determinado momento, eu ditaria quando estivesse pronta.

Não. O Senhor é quem sabe e dita quando estamos prontos, não nós. E isso é a graça e misericórdia dele sobre nossas vidas.

Não estamos cem por cento prontos porque o trabalho de Deus em nós é até o dia em que Jesus voltar, em que então viveremos em perfeita harmonia com ele. Pode ser que nunca nos sintamos completamente prontos para tudo aquilo que o Senhor quer nos dar, mas não é isso o que precisamos. É necessário apenas que exista a certeza de que estamos alicerçados nele o suficiente para que tenhamos a sabedoria ao receber o que Ele nos dará.

O sim de Deus depois de trinta e duas tentativas de gravidez não me trouxe certezas sobre o futuro. Mas me trouxe o entendimento de que ele pertence a Deus. Posso afirmar com segurança que a minha melhor decisão durante todo este processo de espera foi a de construir a minha vida sobre quem Jesus é.

Claro, é verdade que a gravidez dos gêmeos foi o fruto de todo um processo e a prova viva da graça de Deus sobre a nossa vida. Os nossos filhos são uma grande alegria, e é maravilhoso experimentar o doce gosto de uma espera que muitas vezes foi amarga. Eu não conseguiria nem explicar quão bom é!

Mas esses bebês não são o fim. O fim é Jesus, porque tudo é sobre ele. E o meu maior desejo é que a vida deles aponte para Jesus, porque foi para isso que eles, e todos nós, fomos criados.

Uma parte da história do povo de Israel se passa durante sua peregrinação no deserto, desde o Egito até Canaã. Lá, eles eram acompanhados por uma nuvem de dia e uma coluna de fogo de noite, os quais representavam a presença de Deus. A Bíblia diz que, se a nuvem estava parada, o povo permanecia ali; se ela se levantava, eles partiam. No final das contas, creio que o que Deus quer é que desejemos estar onde ele está. Se Deus está na espera, ali estaremos. Se Ele nos levar para outros lugares, iremos também. Porque o mais importante de tudo é que, em todas as etapas da nossa vida, Ele esteja presente.

Meu desejo e oração é que, através da situação em que você se encontra hoje, você tenha um encontro verdadeiro e profundo com o Senhor. Que você possa ter a oportunidade de ir mais fundo, para então ir mais longe. Diante de todo o tempo da espera, o meu convite a você é para um vida de entrega completa ao Senhor e de discernimento de que nada é mais valioso do que nos rendermos ao nosso Pai, criador, dono de todas as estações e senhor das nossas vidas.

A casa

ORAÇÃO

"**Pai**, abrimos o nosso coração para receber a Tua boa, perfeita, e agradável vontade, seja ela qual for, em todas as estações. Porque reconhecemos que a maior dádiva da vida é estar com o Senhor, seja no sim ou no não. Te agradecemos pelo caminho que estamos percorrendo agora e te enxergamos cumprindo seus propósitos nele. Deus, Tu és a nossa rocha e fundamento, estabelecemos nossas vidas em Ti. Em nome de Jesus, Amém."

Capítulo 6
A SEMENTE

A ESPERA ACABOU?

13 de abril de 2020. O que era pra ser mais um dia em que eu faria exames de rotina para saber como estava a gravidez dos gêmeos virou um dos dias mais importantes da minha vida. Acordei, me troquei e fui fazer um ultrassom. O resultado foi que um dos bebês estava com o líquido amniótico (fluido que envolve o bebê) muito baixo, e a médica me recomendou avisar imediatamente o meu obstetra. Saindo do exame, liguei para ele, passei os dados coletados e ele me disse: "Fernanda, precisamos fazer o parto dos bebês esta tarde." Depois de um longo silêncio, eu perguntei se ele tinha certeza disso e ele falou que sim.

    Cheguei em casa ainda desorientada e avisei o Rafa, que ficou muito feliz com a notícia de que nossos filhos chegariam naquele mesmo dia.

ENQUANTO ISSO

Liguei para uma amiga que é médica e ela me perguntou se eu estava bem e, entre lágrimas, disse para ela que eu não gostava do número treze. "Eu prefiro o dia 15, é mais bonito!" Enquanto escrevo isso, dou risada, mas lembro exatamente da sensação de despreparo que tomou conta de mim.

A bolsa de maternidade já estava pronta havia meses; o quartinho, todo montado; as roupinhas, todas muito bem dobradas (várias e várias vezes); as cadeirinhas dos dois, montadas no carro. Não faltava mais nada. Ainda assim, algo no meu coração dizia que eu não havia chegado ao fim daquela maratona. No meu coração vieram muitas incertezas. Eu desejei esses filhos, lutei por eles, gerei, esperei, passei por tanto... até escrevi um livro só sobre isso. Como era possível eu ainda não me sentir pronta?

Naquela mesma manhã meus pais vieram em casa, oraram comigo e, juntos, consagramos aquele dia feliz ao Senhor. Então, eu e o Rafa fomos para a maternidade. Ali, em uma sala de ambiente calmo, ao som de músicas lindas, acompanhada de dois amigos e profissionais maravilhosos, recebemos o Samuel e a Sara no mundo. Quando eu chegar no céu, vou pedir ao Senhor para passar no telão celestial o dia do primeiro encontro com meus filhos. Quem é pai e mãe sabe, não existe sensação mais inexplicável do que encontrar o seu filho pela primeira vez. Sentir o calor da pele, ouvir o som do seu primeiro chorinho, segurá-lo em seus braços. É

A semente

divino, é mágico, é uma grande dádiva! Sempre que falo disso, me emociono.

Lendo este livro, você já deve ter percebido que existiam muitas expectativas da nossa parte com relação a ter filhos. Por mais que eu já tivesse aprendido que a gravidez não era um fim em si, de certa forma eu olhava para o nascimento dos nossos filhos como o início de um sonho. Daqueles bem românticos, dignos de comercial de margarina. Os bebês nasceriam, iríamos para casa com eles bem lindos e cheirosos e viveríamos em família os dias mais felizes das nossas vidas. Afinal, já havíamos sofrido o bastante para chegar até ali.

As primeiras semanas com os gêmeos em casa foram como tomar um caldo de mar. Sabe quando você está de férias em família, dentro do mar, aproveitando aquela água fresca em um dia ensolarado? Então você vê uma onda vindo e tem a brilhante ideia de pegar um jacaré. Você se posiciona, calcula o tempo e a distância perfeita para entrar na onda, nada frente a ela e... Ela simplesmente te engole. Você gira dentro do mar, sente a areia raspando por todo o seu corpo, a água salgada entra no seu nariz e quando você finalmente consegue levantar, já com a roupa toda desajeitada, pensa "o que aconteceu aqui?". Foi exatamente assim conosco. A privação de sono, os choros nas madrugadas, as pilhas e mais pilhas de fraldas sujas e a alta demanda em cuidar de dois bebezinhos nos engoliu completamente, sem que conseguíssemos entender o que estava acontecendo.

Além de tudo isso, a chegada dos gêmeos coincidiu com a pandemia da covid-19. Naquele ano de 2020, mais de 200 mil pessoas morreram. Foi aterrorizante. Havia incertezas, inseguranças e muito medo por todos os lados. Por conta do vírus, tivemos que viver meses em isolamento e experimentamos uma solidão profunda. Como a vacina ainda não existia, as pessoas ficavam receosas em nos visitar. Era tudo muito confuso. Ao mesmo tempo em que vivíamos momentos mágicos em uma casa com cheirinho de bebês, também vivíamos cansados pela alta demanda. Ao mesmo tempo em que experimentávamos o milagre de contemplar duas novas vidas, lá fora o mundo se enchia de mortes.

A solidão causada pela pandemia somada à exaustão inicial do cuidado de dois bebês me trouxeram diversos questionamentos. Eu simplesmente não entendia por que a maternidade não havia se encaixado facilmente como uma luva para mim. Eu amara a ideia de ser mãe, eu havia sonhado muito com isso, mas aquelas primeiras semanas foram muito diferentes do que eu imaginara. Enquanto eu olhava com muito amor para aqueles dois serezinhos, a ficha começava a cair: a chegada deles não era o fim da maratona.

A imaturidade no início da maternidade me fez entrar em uma espera desesperada. O lema "vai passar" me lembrava que essa fase não seria

A semente

eterna, e isso me ajudava a aproveitar mais cada momento. Porém, ao mesmo tempo, existia em mim uma vontade de voltar à minha zona de conforto. Ou pelo menos voltar a ter uma vida mais tranquila como a de antes.

Tudo o que compartilharei nos próximos parágrafos sobre os meus primeiros meses como mãe não anula o fato de que eu amei os meus filhos desde o primeiro segundo em que nos encontramos. Eu beijei, cheirei, abracei, apertei, olhei cada partezinha do rosto deles. Dei risada, me emocionei de tamanha alegria diversas vezes nesses últimos dois anos de maternidade. Contudo, assim como para outras mães, o processo de entender a maternidade não foi instantâneo. Inclusive, acredito que muitas mulheres passam por isso em silêncio. Foi reconhecendo as minhas fraquezas como mãe e deixando o Senhor trabalhar em mim — mesmo depois de tudo o que ele já havia trabalhado — que eu consegui enxergar além.

Você já deve saber que é muito comum bebês não dormirem uma noite inteira nos primeiros meses de vida, e aqui em casa não foi diferente. Nossas madrugadas eram cheias de colo, mamás e trocas de fraldas. Eu e o Rafa passamos cinco anos de casados dormindo muito bem nossas 8 horas de sono e, de repente, dormir de 3 a 4 horas por noite havia virado rotina. Quando um bebê finalmente dormia, o outro acordava. Quando um de nós deitava na cama, o outro tinha

ENQUANTO ISSO

que levantar. Posso dizer com tranquilidade que a privação de sono foi o que mais mexeu com a gente no primeiro ano como pais.

Em uma dessas inumeráveis noites em claro, eu perguntei ao Senhor o que ele queria com todo esse agito na madrugada. A gente já tinha feito de tudo com relação a ajudar os bebês a terem bons hábitos de sono, rotina e tudo o que você possa imaginar. Ainda assim, as noites eram difíceis. Então veio ao meu coração que aqueles momentos noturnos seriam um tempo de oração. Enquanto eu os ninava, o Senhor conduzia os meus lábios a orar pelos bebês. Orava pelo futuro deles, por suas decisões, por sua infância e por cada parte de seu corpo.

Por mais que eu soubesse que um dia eles dormiriam uma noite inteira, eu não havia conseguido enxergar o que o Senhor queria me ensinar até aquele momento. Não era apenas aguardar que esse dia chegasse o mais rápido possível, era preciso ver as situações com olhos espirituais. Chegar ao limite físico do meu corpo através da privação de sono fazia parte de uma jornada espiritual como mãe que eu começara. A maratona materna que duraria até o fim dos meus dias havia apenas começado. Para isso, eu precisava de uma base. Então o Senhor me trouxe ao lugar da oração.

Enquanto eu esperava pela primeira noite de sono completa dos meus bebês, eu fortalecia a minha fé através da oração. Enquanto meus olhos

A semente

cansados se abriam pelas manhãs com o desejo de dormir muito mais, o meu espírito lembrava que quem me sustentaria durante aquele dia não seria eu, mas o Senhor. Neste lugar de dependência, a oração se tornava mais do que apenas desabafos vazios sobre o meu cansaço. Minha oração era um pedido de socorro. Não apenas por força, mas por sabedoria. A mãe que eu me tornaria no futuro dependeria deste lugar da oração.

O cansaço físico tirou de mim todas as falsas ideias de que eu daria conta de tudo sozinha. E não digo só de reconhecer a necessidade do apoio de outras pessoas, eu verdadeiramente entendi que o lugar do meu coração como mãe seria aos pés da cruz, de dia, de tarde, de noite e nas madrugadas. Dois anos depois dessas madrugadas em claro, eu consigo enxergar o quanto o lugar da intimidade com Deus foi o que me sustentou em todos os desafios da maternidade que viriam pela frente.

Um deles foi a introdução alimentar. Quando os bebês completaram seis meses, nós passamos a oferecer alimentos sólidos para eles. Eu não sei o porquê, mas no geral, pais e mães amam ver seus filhos comendo. Aqui em casa foi da mesma forma, eu e o Rafa tínhamos muitas expectativas para este momento. Até que um dos nossos bebês simplesmente recusou todos os alimentos que nós oferecemos. O momento divertido de apresentar os alimentos coloridos na cadeirinha, cantar musiquinhas e ver os bebês se deliciando virou a hora do choro. Nós tentamos de tudo: mudamos a textura do alimento, alteramos o horário de oferecimento, fomos para outro ambiente e nada funcionava. O bebê só chorava.

    Durante este período, a cada vez que eu sentava em frente a cadeirinha para oferecer alimento a este bebê, eu orava. Pedia a Deus que me desse a paciência necessária para lidar com a minha frustração ao ver meu bebê não comer da maneira que eu desejava. Também pedia por persistência, pois sabia que o bebê se alimentar de maneira saudável era importante para a saúde dele. Essa cena se repetiu cinco vezes ao dia, por quatro longos meses. Um belo dia, depois de muita persistência e paciência, este bebê começou a comer com alegria. Até pareceu um passe de mágica, mas nós sabíamos bem que era fruto de muita paciência e persistência. Virtudes adquiridas através da espera e da oração.

    Anos atrás, enquanto eu tentava engravidar, de certa forma eu tinha a certeza de que aquela espera um dia teria um fim. Depois que essa espera acabou e eu finalmente recebi os bebês em meus braços, me veio a incerteza de quando essa nova fase iria acabar. Não é que eu queria que meus bebês crescessem logo, ou que um dia eles fossem grandes o suficiente para sair de casa. Eu só queria saber a data específica em que os desafios daquela etapa com bebês que não dormiam nem comiam iriam acabar. Foram necessários quase dois anos desde o momento em que eles nasceram para que eu conseguisse entender que uma nova maratona havia se iniciado. E na sua trajetória viriam novas esperas e claramente novos desafios. Porém, dessa vez, quem corria esta maratona já havia corrido uma outra. Os músculos estavam mais fortes, algumas habilidades haviam sido desenvolvidas e o melhor: havia a certeza de que eu não corria só.

A NOVA MARATONA

Era dezembro de 2020 e os gêmeos tinham 7 meses de idade. Nós estávamos passando um domingo juntos na casa da minha sogra. No meio daquela tarde, fui até a área da churrasqueira, servi um prato bem cheio de arroz, me sentei no chão e comecei a comer. Entre uma garfada e outra, me dei conta do que estava fazendo, parei e pensei: "Por que eu estou comendo arroz no meio da tarde?" Na hora me veio à memória que na gravidez dos gêmeos eu tive muito desejo de comer carboidratos. Ao mesmo tempo que me veio este pensamento, veio outro me lembrando de que tentamos engravidar por diversas vezes e passamos por vários tratamentos para que isso acontecesse. "Não é possível que eu engravide de forma natural, sem fazer tratamento algum."

Comentei a possibilidade com o Rafa e com minha sogra rindo. Ainda assim, fiquei encucada e não consegui esperar minha menstruação atrasar para fazer o teste. Em um dia comum, com

ENQUANTO ISSO

o Rafa na sala cuidando dos gêmeos, como uma detetive que quer concluir logo um caso, entrei no banheiro e fiz um teste de gravidez. Duas linhas apareceram naquele teste, sinalizando um resultado positivo. "Não é possível!" Fui para a sala rindo com o teste nas mãos, mostrei para o Rafa, que também olhou desacreditado. Eu estava grávida! De forma natural, do meu terceiro filho, com dois bebês de sete meses em casa.

Eu demorei três dias para processar essa informação. Não é que eu não estava feliz, pelo contrário, se tem algo que fazemos bem aqui em casa é celebrar a chegada de uma nova vida. Mas eu estava no meio do furacão ao tentar me entender como mãe de dois bebês ainda tão dependentes de mim. Quando eu pensava na logística de um bebê adicionado à realidade intensa que já vivíamos em casa, eu não conseguia enxergar como isso daria certo.

E assim passei praticamente toda a gestação: calculando possibilidades e tentando visualizar como seria a logística de um lar com três bebês. Enquanto eu dava mamá na mamadeira pra um dos gêmeos e o Rafa dava para o outro, eu pensava: "E o terceiro? Onde ele vai ficar?" Quando os dois me pediam colo ao mesmo tempo e eu os encaixava cada um em uma perna, automaticamente eu tentava visualizar como seria encaixar três bebês ao mesmo tempo em meu colo. Eu olhava para o futuro sob a ótica do presente e, ao invés de ter esperança, apenas sentia ansiedade.

A semente

Foram dezesseis meses desde o nascimento dos gêmeos até a chegada do meu terceiro filho, Isaac. Dezesseis meses nos quais eu me deparei com o pior de mim. Todos os meus maiores pecados foram revelados ao ter que abrir mão da minha própria vida em favor de outras. Fui egoísta ao querer viver apenas dias de descanso, impaciente ao querer que fases difíceis passassem logo, preguiçosa ao não querer me levantar do sofá para fazer uma refeição e incrédula ao não conseguir enxergar o que Deus queria daquele tempo. Lembro-me de que, em uma noite depois de fazer os bebês dormirem, sentei no sofá com o Rafa e fui muito sincera. Eu lhe disse que seria impossível eu ter forças o suficiente para ser uma boa mãe para três bebês ao mesmo tempo. Eu me sentia completamente incapacitada. Eu, que tanto desejara ser mãe e até escrevera um livro sobre este sonho, estava no fundo do poço da maternidade, sem conseguir enxergar uma luz no fim do túnel.

> *"Mesmo que eu dissesse que as trevas me encobrirão, e que a luz se tornará noite ao meu redor, verei que nem as trevas são escuras para ti. A noite brilhará como o dia, pois para ti as trevas são luz."* (Salmos 139:11-12)

A minha escuridão na maternidade não era trevas para o Senhor. Naquela noite de conversa com o Rafa, enquanto eu enxergava tudo escuro, o Senhor via luz. Os meus pecados não o surpreendiam, Ele já conhecia todos eles. Da minha parte, eu precisava reconhecê-los e me arrepender, para que então o Senhor fizesse a sua luz brilhar.

É muito interessante pensar que, durante a gestação dos gêmeos, eu olhava para o futuro com expectativa porque não o conhecia. A nova gestação foi diferente. Eu achava que sabia o que era ter bebê(s) em casa e, por isso, havia uma falsa certeza sobre o futuro. Porém, os meus pensamentos de desesperança, baseados em minhas incapacidades e limitações, eram bem diferentes dos pensamentos de Deus:

> *"'Porque sou eu que conheço os planos que tenho para vocês', diz o Senhor, 'planos de fazê-los prosperar e não de lhes causar dano, planos de dar-lhes esperança e um futuro.'"* (Jeremias 29:11)

Nós achamos que conhecemos os planos que Deus tem para nós. Mas a Bíblia é clara sobre quem realmente os conhece: o Senhor. E ela não para por aí. Além do Senhor conhecer seus próprios planos, eles são de bem, não de mal. Eu precisei me lembrar deste versículo diversas vezes enquanto eu passava pelo vale do cansaço. Aquela etapa desafiadora, enquanto eu cuidava de dois bebês pequenos e estava grávida do terceiro, fazia parte dos bons planos de Deus. A privação de sono, o cansaço, a imaturidade da maternidade de primeira viagem, o medo e a insegurança podiam até me fazer sentir encoberta de trevas. Mas a noite brilharia como o dia.

Foi quando o Isaac nasceu. Com o nascimento dele, nasceu uma nova mãe: mais calma, mais madura e também mais paciente. Eu não era mais uma mãe que vivia esperando pelo momento em que meu bebê finalmente dormiria uma noite inteira e passaríamos a madrugada separados. Eu já havia passado por isso e sabia que teria um fim. Eu não torcia para chegar logo o momento em que ele comeria sozinho e não precisasse mais de mim, porque eu já havia experimentado na pele que esse momento chega para todos os bebês. Inclusive, chegaria o dia em que eu tentaria ajudá-lo a comer e ele recusaria a minha ajuda.

A chegada de Isaac ressignificou minha maternidade. Tudo o que eu julgava estar certo sobre a realidade de ter três bebês em casa foi por água abaixo. O que minha teoria da conspiração pessoal previra que seria um desastre, na verdade, trouxe clareza. Me tornei uma mãe melhor para os meus três bebês ao conseguir olhar o presente e também o futuro sob a ótica de Deus. Para Ele, a maternidade não é um lugar de realização pessoal; é lugar de santificação.

O Senhor me havia presenteado com filhos, assim como fez com Maria, Ana, Sara e tantas outras mulheres da Bíblia, para que eu pudesse ser instrumento em suas mãos. As vidas de três bebês, que um dia se tornariam adultos, estavam sob a minha responsabilidade. Eles não existiam para suprir as minhas expectativas de comercial de margarina, nem para preencher buracos de carência. Eles existiam para a glória de Deus, e para isso passaríamos por longas caminhadas de crescimento e aprendizado. Foi diante da cruz que eu entendi o verdadeiro sentido da espera e da maternidade.

O lugar da criação de filhos é também uma maratona de espera. Esperamos pelo dia em que dormirão uma noite inteira, esperamos pelo momento em que se alimentarão sozinhos, esperamos que aprendam a andar e depois a falar. Com o tempo, essas esperas vão se tornando mais profundas e complexas. Esperamos que se tornem obedientes, seguros emocionalmente e que tomem boas decisões. Com o passar do tempo, fui entendendo que, com cada etapa da vida dos meus filhos, chegaria uma nova espera.

Chegando perto dos dois anos de idade, os gêmeos entraram no famoso *"terrible two"*. Esta fase é conhecida como a adolescência dos bebês. Geralmente eles ficam mais desafiadores, pois fazem birras, choram muito quando não conseguem o que querem e passam por um turbilhão de sentimentos. Aquele bebê feliz e contente que está brincando com seu brinquedo favorito, em uma fração de segundos pode tornar-se um furacão ao perceber que falta uma peça naquele mesmo brinquedo. Aqui em casa, foram dois bebês passando pelo *"terrible two"* ao

A semente

mesmo tempo, que carinhosamente apelidamos de *"terrible double two"*.

Durante este período, os nossos músculos da paciência foram testados mais do que nunca. Sempre acreditamos na conversa com nossos filhos para tudo e nesta fase gastamos muita saliva. Repetíamos as mesmas coisas diversas vezes ao dia, mesmo sem ver resultado algum. Eu e o Rafa acordávamos todos os dias e pensávamos: "Quais serão os desafios de hoje? Quantas birras teremos que atender?" Lembro-me de uma dessas situações em que um dos nossos bebês chorava muito no carro quando o sol batia em seu rosto — o que acontecia todas as vezes que andávamos de carro. Eu sempre lhe dizia que o sol era algo bom e fazia bem para nós, para as plantas e para todo o planeta. Foram meses repetindo essa frase enquanto ouvia o mesmo choro. Tinha dias que eu pensava em não falar mais nada, porque eu já havia ensinado e o bebê não queria me ouvir, porém, eu insisti.

Até que em um belo dia qualquer, entrei no carro com este bebê já preparada para o chororô que viria adiante. De repente, percebo um estranho silêncio. Olho para ele com o sol tocando em seu rostinho e ele me diz sorridente: "Mamãe, o sol é bom!" Automaticamente eu paro o carro e reafirmo: "Sim, filho, isso mesmo, o sol é bom!!!" Me lembro de continuar dirigindo como quem havia acabado de ganhar um prêmio. O prêmio da perseverança. O prêmio dos que semeiam com lágrimas e colhem com alegria (Salmos 126:5).

ENQUANTO ISSO

Esse é apenas um dos milhares de exemplos que eu poderia escrever de situações que passamos nos últimos dois anos como pais de três bebês. Durante esse tempo, recebemos diversos bálsamos do Senhor através da vida dos nossos filhos. E não foi só através da obediência deles e entendimento daquilo que é certo. Nossa casa se tornou recheada de beijos, abraços, carinhos, risadas, cama cheia, brinquedos pelo chão, desenhos pela parede, dancinhas no tapete, historinhas cheias de imaginação e olhares de cumplicidade. Acordamos todos os dias com a novidade de novos passinhos, novas palavras e cada vez mais pérolas em forma de frases. Tenho a plena convicção de que, mesmo em meio a tantos desafios, em muitos momentos o Senhor nos permitiu sentir um gostinho do céu, o nosso lar final.

A nossa vida é feita de espera. Até podemos chegar ao fim de algumas esperas, mas novas virão. A questão é que, se passarmos por todas elas de forma passiva, seremos apenas espectadores sentados em uma arquibancada torcendo para que a vitória chegue logo. Porém, ao nos tornarmos ativos na espera, veremos que há esperança em todo o percurso.

> "Pois nessa esperança fomos salvos. Mas, esperança que se vê não é esperança. Quem espera por aquilo que está vendo? Mas se esperamos o que ainda não vemos, aguardamo-lo pacientemente." (Romanos 8:24-25)

A semente

Olhar para as nossas vidas com o olhar eterno é o que nos traz a verdadeira esperança. Não precisamos andar desanimados diante das esperas da vida, porque nossos olhos estão fixos naquilo que não se vê. Foram quase dois anos para que eu pudesse fixar os meus olhos naquilo que é eterno dentro da maternidade. É incrível como essa mudança de perspectiva tirou dos meus ombros um peso de ansiedade, cansaço e ingratidão. E não é porque eu simplesmente deixei de ficar ansiosa ou parei de me sentir cansada, é porque diariamente eu tenho feito o exercício de enxergar além. É olhar a louça suja como quem entende a riqueza de se ter o que comer. É olhar o choro dos meus filhos como quem se lembra quantas vezes eu precisei do colo do meu pai celestial. É juntar inúmeras vezes brinquedos espalhados por uma casa com crianças cheias de vida. É instruir verdades bíblicas diversas vezes, vendo ali adultos que se lembram da Palavra (Provérbios 22:6).

Em nossa casa, temos uma cultura de ler histórias para os bebês diariamente. Certo dia, eu lhes contava uma história que já havia lido diversas vezes, chamada *Vai dar tudo certo*.[1] Os gêmeos estavam sentados em meu colo e o Isaac brincava ao nosso lado no chão.

---

[1] TERKEURST, Lysa. *Vai dar tudo certo*. Rio de Janeiro: Thomas Nelson Brasil, 2022.

ENQUANTO ISSO

    Este livro conta a história de um fazendeiro e uma semente. Em um galpão, o fazendeiro guarda todas as suas sementes e sempre lhes diz que, no momento certo, ele as tiraria dali porque tinha um plano para elas. Certa manhã, o fazendeiro entrou no galpão, pegou uma daquelas sementinhas e lhe disse: "Sementinha, eu tenho um plano maravilhoso para você. Tenho esperado pela hora certa, e hoje é o grande dia." Assim que terminei de ler essa frase para os bebês, os meus olhos se encheram de lágrimas.

    "Deus esteve esse tempo todo esperando comigo!" foi o pensamento que invadiu o meu coração. Aqueles três bebês que estavam debaixo dos meus olhos não eram fruto de uma espera solitária. Eu já sabia que o Senhor estava na espera, assim como aquela nuvem que acompanhou o povo de Israel no deserto. Porém, eu nunca tinha olhado sob a perspectiva de que o Senhor não apenas assistiu a minha espera pelos meus filhos; neste tempo, ele estava esperando comigo. O rei dos reis, senhor do Universo e salvador da humanidade espera juntamente a mim. Eu nunca estive só, eu não estou só. Você nunca esteve só, você não está só!

    O Senhor tem esperado pelo tempo certo. Afinal, há um tempo para todas as coisas (Eclesiastes 3:3-8). Enquanto este tempo não vem, o nosso Deus Emanuel está conosco.

    A história continua com o fazendeiro plantando a sementinha dentro da terra. Depois de cavar fundo, ele coloca a sementinha naquele lugar escuro e lhe diz: "Agora, Sementinha, vai ser tudo diferente. Sei que parece assustador, mas vai ficar tudo bem. Pode confiar em mim." O livro conta que a sementinha sentiu muito medo e ficou sem entender porque estava debaixo daquela terra. Até que depois de um longo tempo, em uma manhã de primavera, a sementinha rompe o solo e percebe que havia se tornado uma plantinha. Naquele momento ela entende que o fazendeiro era bom e sempre esteve cuidando dela. Com o tempo, aquela sementinha se tornou uma árvore grande e forte.

> "Como é feliz aquele que não segue o conselho dos ímpios, não imita a conduta dos pecadores, nem se assenta na roda dos zombadores! Ao contrário, sua satisfação está na lei do Senhor, e nessa lei medita dia e noite. É como árvore plantada à beira de águas correntes: Dá fruto no tempo certo e suas folhas não murcham. Tudo o que ele faz prospera!" (Salmos 1:1-3)

A ESPERA FINAL

Enquanto escrevo este capítulo do livro, o Rafa e eu passamos por uma nova espera. Há alguns meses o Senhor vem direcionado o nosso coração a mudar de cidade para apoiar a plantação de uma nova igreja. Esta cidade fica a mais de mil quilômetros de distância da nossa cidade natal, onde mora toda a nossa família. Para variar, a ideia parece maluca para muitos. Ir para outra cidade, com três bebês, deixando todo o nosso conforto e rede de apoio.

Enquanto oramos e pesquisamos algumas possibilidades com relação a nossa ida, muitos questionamentos surgem em nossa cabeça:. "Qual será a casa em que vamos morar? Em que escola as crianças vão estudar? Será que nos adaptaremos a uma nova cidade, cultura e igreja? Como encontraremos alguém para nos ajudar com a casa e com os bebês? Quantas horas por dia conseguiremos trabalhar?"

Enquanto eu pensava em todas essas questões, automaticamente um certo medo começava a tomar o meu coração. E sabe o que aconteceu? Ele não encontrou um terreno fértil para se enraizar. Pelo contrário. O medo encontrou todas as verdades aprendidas sobre a espera pelos meus filhos. A vontade de Deus é melhor que a nossa. Não estamos sozinhos. Afinal, o Senhor está esperando junto conosco. Este é um tempo de alongar novos músculos e aprender novas habilidades. O tempo de Deus é diferente do nosso — graças a Ele por isso.

Por mais que saibamos todas essas verdades, enquanto esperamos todas as respostas sobre o nosso futuro, um certo desconforto vem. É incrível a capacidade que a espera tem em nos deixar em uma posição desconfortável. Não mudamos de cidade ainda, mas também já

A semente

não estamos mais com a nossa cabeça totalmente aqui. Não estamos morando em outra casa, mas já penso em possibilidades de novas decorações. É um misto de expectativa e incerteza.

A espera nos coloca em uma espécie de ponte, entre um lugar e outro, não em nosso lar. Isso me faz refletir que, ainda que o futuro chegue com todas as respostas, um novo futuro será almejado a partir dali. No nosso caso, depois de nos mudarmos, quando estivermos estabelecidos em outra cidade, pode ser que, com os anos, surjam novas oportunidades e novas decisões terão de ser tomadas. Assim é a vida de todos nós. Uma espera leva a uma resposta, que nos levará a novas esperas.

Vivemos assim desde a queda de Adão e Eva em Gênesis. Esperamos que todo o sofrimento acabe e finalmente possamos descansar. Por toda a Bíblia encontramos histórias de pessoas esperando o Messias que mudaria o rumo da humanidade. Fico pensando nos discípulos de Jesus que, quando o conheceram, acharam que a espera tinha acabado. Então Jesus é crucificado, ressurreto e volta para os céus. A partir dali eles teriam a tarefa de fazer novos discípulos e esperar pelo novo encontro com o Messias.

Isso me lembra de um hino da harpa cristã que retrata muito bem como almejamos esse encontro eterno com Jesus. Me lembro de cantá-lo em minha antiga igreja desde muito pequena. Sempre que chegava na parte final do hino, na

ENQUANTO ISSO

qual expressamos o desejo de estar morando com Jesus, toda a igreja cantava ainda mais forte; era muito emocionante. Acredito que essa música foi tocada em todos os velórios que eu estive de membros daquela igreja. Ela retrata muito bem o que significa o final da verdadeira espera e, desde então, essa canção tem sido repetida em minha mente e coração.

Mais perto quero estar
Meu Deus de Ti!
Inda que seja a dor
Que me una a Ti,
Sempre hei de suplicar
Mais perto quero estar
Mais perto quero estar
Meu Deus de Ti!

Andando triste aqui
Na solidão
Paz e descanso a mim
Teus braços dão
Nas trevas vou sonhar
Mais perto quero estar
Mais perto quero estar
Meu Deus de Ti!

Minh'alma cantará
A Ti Senhor!
E em Betel alçará
Padrão de amor
Eu sempre hei de rogar

A semente

*Mais perto quero estar
Mais perto quero estar
Meu Deus de Ti!*

*E quando Cristo, enfim
Me vier chamar.
Nos céus, com serafins
Irei morar
Então me alegrarei
Perto de Ti meu Rei
Perto de Ti meu Rei
Meu Deus de Ti!*

As nossas esperas revelam nada mais do que o nosso desejo pelo lar celestial. Ali não haverá sofrimento, nem tentativas de gravidez, nem desemprego ou perdas de entes queridos. Estaremos em casa e finalmente poderemos descansar com nosso Pai celestial.

Fico emocionada ao imaginar a humanidade vivendo em um mundo sem pecados. Fico me imaginando sentada em um jardim junto com outras pessoas e passando a tarde falando sobre a beleza do nosso Criador. Então um leão se aproxima e não sentimos medo. Ele se senta com a gente, enquanto do outro lado podemos ver Jesus chegando e trazendo um café quentinho para tomarmos juntos.

Neste lugar não esperamos nada, apenas desfrutamos da eternidade. Ali não olhamos para trás, nem almejamos um futuro, estamos exatamente onde fomos criados para estar: com Deus.

OS FRUTOS
depoimentos de outras esperas

Uma das coisas mais gratificantes que vivi nos últimos anos foi a oportunidade de ouvir testemunhos de pessoas que leram este livro. Quando o escrevi, pensei que estaria falando apenas com mulheres em uma situação parecida com a que vivi. Mas, como tudo aquilo que o Senhor realiza, o resultado foi infinitamente maior do que tudo o que pedi ou imaginei. *Enquanto isso* chegou às mãos de milhares de pessoas que passavam por esperas diferentes. Ouvi as mais variadas histórias, desde adolescentes que esperavam pelo resultado do vestibular até pessoas mais velhas esperando a cura de uma grave doença.

Nesta parte do livro, você encontrará algumas dessas histórias. O desejo do meu coração é que elas fortaleçam a sua fé e sirvam como um lembrete do quão preciosa é a caminhada dos que esperam no Senhor.

ENQUANTO ISSO

THEREZA RACHEL
42 ANOS, EMPREENDEDORA

❝ Este livro foi um bálsamo quando estive na UTI, há exatos dois anos. No dia 27 de junho de 2020 sofri um infarto e fui impedida de trabalhar. A minha empresa estava no auge de sua produção e eu, no auge do meu cansaço. Eu dormia de 3 a 4 horas por noite, achando que era uma máquina invencível e que nada podia me parar. Eu me vangloriava por não ser preguiçosa e batia no peito dizendo que me levantava às 4 horas da manhã todos os dias para trabalhar. Foi quando, em um sábado de muito trabalho e encomendas, senti uma dor muito forte no peito e nos braços. Percebi que havia algo errado, mas não parei. Continuei a trabalhar e cumpri toda a minha agenda do dia. Somente à noite fui ao pronto-socorro, por insistência da minha filha. Lá recebi a notícia de que iria para a UTI. Fui para a internação e, assim que entrei, recebi o livro *Enquanto isso* de uma amiga da minha filha.

Enquanto lia, senti o próprio Deus falando e cuidando de mim através das palavras do livro. Passei a entender que ele era o meu Deus, o dono da minha vida. Não o meu trabalho, que me desgastou tanto a ponto de meu próprio corpo não aguentar. Cada palavra, cada página, foi como um colo do Senhor. Eu entendi o meu verdadeiro chamado através deste tempo de espera no

Os frutos

hospital. Quando eu saí de lá, o Senhor me possibilitou abrir a minha própria loja. Finalmente, quando entendi que o meu tempo e o meu trabalho eram dele, por ele e para ele, as coisas fluíram e as bênçãos chegaram. Entendi que eu precisava respeitar o meu limite físico. Que eu precisava desacelerar e descansar fisicamente. Este livro me reconectou com o Senhor e me mostrou o que deveria ser a minha prioridade. 99

ENQUANTO ISSO

ANNA CLAUDIA

31 ANOS, BIBLIOTECÁRIA

❝ Quando eu iniciei a leitura de *Enquanto isso*, eu só pensava na minha bebê Coraline, mas o livro acabou me ajudando em outras áreas importantes da minha vida. Ao escrever este texto, estou grávida de 27 semanas, contudo, diferente da gestação da Fernanda, a minha não foi planejada ou sonhada.

Há uma semana minha mãe está internada por COVID-19, e ontem enterramos um tio, que foi internado dois dias depois dela. Essa foi a minha espera e de toda a minha família. Estou à base de calmantes para não correr risco de parto prematuro. Com certeza esses estão sendo os dias mais difíceis da minha vida. Ao ler *Enquanto isso*, Deus foi trabalhando em meu coração e comecei a me relacionar com ele de forma integral. Entreguei tudo de mim e passei a entender que o mais importante não era que ele realizasse o que eu queria, mas sim que ele estivesse comigo, mesmo (e principalmente) quando tudo não se realizasse. Não está sendo uma tarefa fácil, mas, enquanto espero, vou abrindo espaço para Deus, um espaço que na verdade sempre foi dele e eu acabei deixando de lado.

Meu maior medo é ter que aprender a ser mãe sem poder ser filha. Não sei se eu conseguirei suportar essa dor, mas estamos quase vencendo

Os frutos

a batalha. Apesar de eu estar tomando remédio, eu sinto que o livro *Enquanto isso* me livrou de muitas outras angústias. O que era para ser um livro sobre o processo de espera pela gestação serviu para todas as esperas deste momento da minha vida. Hoje entendo que Deus trabalha todo o tempo e que toda espera tem algo a nos ensinar. Sei que novas esperas virão e quero ter novas perspectivas sobre todas elas. 🙷

Nota: um ano após este texto, Anna enviou uma foto de sua bebê com dez meses e deu a notícia de que sua mãe teve alta do hospital.

ENQUANTO ISSO

CAMILA
29 ANOS, COORDENADORA DE T.I.

"Quando eu li o *Enquanto isso* eu estava no pior momento da minha vida profissional. Eu tinha uma empresa de fotografia de eventos e, devido à pandemia de COVID-19, minha renda foi brutalmente cortada. Fui obrigada a decretar falência e voltar ao mercado de trabalho. Eu já era formada em T.I., mas estava fora da área há cinco anos, me sentindo muito defasada. Passei mais de seis meses só fazendo entrevistas, sem retorno nenhum. Eu estava sem renda, cheia de dívidas e dependendo totalmente da provisão de Deus. Um dia, vi um anúncio referente ao *Enquanto isso*, mas não dei muita atenção. Afinal, não sou mãe e não tinha esse desejo ainda. Porém, algo me tocou, e decidi comprar o livro. Foi um divisor de águas em minha vida. Ao ler o livro, senti muito forte a presença de Deus e finalmente entendi que eu deveria me sentar no banco do passageiro e deixar que ele guiasse a minha vida.

Então as coisas começaram a acontecer. Arrumei um trabalho na minha área de formação, mas ganhava muito mal. Fiquei quatro meses como analista e depois apareceu uma proposta para ganhar o dobro. Entrei nessa segunda empresa, aprendi muito e novamente recebi outra proposta para ganhar o dobro. Hoje, faz

Os frutos

dois anos que voltei ao mercado de trabalho, sou coordenadora de T.I. e estou profissionalmente muito melhor do que estava antes da pandemia. Pude experimentar a provisão de Deus e aprendi que o que ele tinha para minha vida era muito melhor do que eu planejava.

É muito interessante pensar em como o livro fez parte da minha vida, mesmo eu não tentando ter filhos e nem sendo mãe. Fazia anos que eu não lia livro algum e, mesmo assim, fui tocada para comprar este, que me mudou. Após a leitura, voltei, inclusive, a ler assiduamente.

ENQUANTO ISSO

JÉSSICA

25 ANOS, ADMINISTRADORA

"Desde muito nova fui diagnosticada com um problema de saúde que poderia me impedir de ter filhos. Ainda solteira, fiz tratamento por muitos anos, mas eles nunca foram eficazes. Viver com a incerteza era doloroso, ouvir cada opinião médica era ainda mais. Quando me casei, meu esposo me deu o *Enquanto isso* de presente, e eu me senti abraçada por cada palavra. Senti Deus falando diretamente comigo e me agarrei na certeza do que viveria. Conhecer a história da Fernanda e do Rafael relatada no livro foi como um bálsamo.

Com dois meses de casada, engravidei. Porém perdemos o nosso primeiro bebê e foi muito difícil. Cinco meses após esta perda, descobri que estava grávida novamente. Quase perdemos o Isaque, mas o Senhor o sustentou em meu ventre e nos deu ele perfeito. Depois de seu nascimento, engravidei novamente e passei por outra perda gestacional. Mais uma vez, a história da Fernanda e as palavras escritas em seu livro fizeram parte da minha recuperação. Passei a ter mais convicção sobre o que é verdadeiramente esperar em Deus: confiar, se entregar, sacrificar, se render a sua soberania e ter a oportunidade de ser moldada no processo.

Para muitos médicos, a vida do meu filho é uma grande surpresa. Mas eu sei que o diferencial da minha história é o Senhor fazer parte dela."

Os frutos

MAYARA

30 ANOS, VIÚVA, EMPRESÁRIA

❝No início da pandemia de COVID-19, em abril de 2020, recebi o meu "sim" ao engravidar. Eu e meu esposo éramos recém-casados e ficamos muito felizes com a notícia. Porém, ela se transformou em dias difíceis. Passei por um sangramento e, por negligência médica, tive uma perda gestacional. Descobri que era uma gestação gemelar quando meu corpo expeliu um bebê em um dia e o outro bebê dois dias depois. Foi muito difícil aceitar aquele "não" de Deus.

Três meses depois, em uma oração, decidi me abrir com Deus e me comprometi a confiar nele e naquilo que ele tinha para nós. Depois desta oração, finalmente decidi aceitar aquele não. Um tempo depois, meu esposo faleceu. Foi uma morte rápida, pegando toda a nossa família de surpresa. Meu mundo simplesmente caiu! Me senti como Jó. Naquela primeira oração, eu havia falado para Deus que estava tudo bem receber nossos filhos depois. Mas agora já não tinha mais depois. Eu perdi meus filhos e meu esposo. Com ele foram embora os meus sonhos, tudo o que construímos juntos como casal, minha casa... tudo! Me senti perdida.

Bem naquela semana o livro *Enquanto isso* foi lançado. Comprei e já deixei a entrega para a casa dos meus pais, pois havia decidido voltar a

ENQUANTO ISSO

ficar perto deles. O livro foi essencial para que eu compreendesse os propósitos de Deus. Eu tive forças para suportar a dor e caminhar. Afinal, se ainda estou aqui é porque existe um propósito. No processo de leitura, entendi que gerar um testemunho dói. E eu sei que minha história, por mais difícil que seja, irá inspirar pessoas a não desistirem e a confiarem mais em Deus. 99

Os frutos

ANA ELIZABETH

30 ANOS, PASTORA

"Em 2020, minha mãe passou por uma severa crise de depressão e de ataques de pânico. Precisei ficar algumas semanas na casa dos meus pais, que fica em outra cidade, a fim de ajudar com as tarefas domésticas durante a doença da minha mãe. Foi a primeira vez que me vi nessa posição de sentir que os papéis se inverteram e que era o momento de eu cuidar da minha família. Antes dessa viagem, eu tinha acabado de ler *Enquanto isso*.

A condição da minha mãe estava tão precária que, por vezes, eu achei que ela não voltaria ao seu estado normal de mente e emoções. Em seus momentos de sobriedade entre as crises, ela sempre dizia estar exausta daquela situação e do fato de as medicações demorarem a fazer efeito. Foi quando tive a ideia de ler o livro com ela. Lemos juntas de pouquinho em pouquinho, poucas páginas por dia. Lemos até o fim. Como foi precioso aquele momento para nós duas! Essa leitura com certeza fortaleceu a nossa fé.

Passados alguns meses, minha mãe se recuperou totalmente. Hoje, ela está super estável e, graças a Deus, aquele período foi apenas uma sombra. Foi uma espera diferente da relatada no livro, porém todas as lições que a Fernanda nos expôs, com certeza aprimoraram a nossa fé e, por isso, somos muito gratas."

ENQUANTO ISSO

MÁRCIA

32 ANOS, PEDAGOGA E FOTÓGRAFA

"A minha espera é pela maternidade. Eu engravidei algumas vezes, e cada gravidez frustrada levava de mim um pedaço enorme, sem reposição. Durante um tempo eu achava que Deus me daria os filhos, sem que eu precisasse de médicos. Quando mudei este pensamento, decidi buscar ajuda. Descobri uma trombofilia, junto com seis mutações diferentes. E o tratamento seria um longo processo que me exigiria passar pela espera de novo, de novo e de novo.

A espera estava me consumindo. Esperar por algo que eu não via e não sabia se de fato aconteceria estava me levando a um estágio de solidão e descrença profunda. Neste tempo, li o *Enquanto isso* e Deus me trouxe muita calma. Pude senti-lo muito perto através da leitura e foi um profundo divisor de águas em minha vida. Eu aprendi a esperar sob uma perspectiva diferente.

Através da leitura, voltei a ter uma visão cristã sobre a espera. Entendi que, mesmo que eu não gerasse, os frutos da espera poderiam ser prazerosos e impactantes. Eu poderia aprender, me doar, amadurecer minha fé e não apagá-la com o cinza sombrio da espera. Quando voltei a firmar meus olhos em um Deus que é presente e amigo, eu despojei de toda armadura de cansaço, frustração e dor que estava carregando

Os frutos

sozinha. Eu já não precisava mais daquilo, pois o fardo leve me deu vida. Esperar em Deus nos moldou para que esse tempo de tentativas fosse mais leve, tendo em vista nosso histórico de quatro abortos espontâneos.

Atualmente demos início a um tratamento de saúde para tentarmos mais uma gravidez e estamos muito esperançosos. Temos colocado todas as nossas expectativas diante de Deus, que tem nos lapidado durante os últimos anos e nos confrontado a viver a parentalidade com olhar, coração e mente saudáveis.

ENQUANTO ISSO

ELLEN

32 ANOS, CASADA, ANALISTA FINANCEIRA

❝ Quando conheci a Fernanda, eu também estava grávida, inclusive de idades gestacionais bem próximas, porém eu estava internada. Na minha gestação tive duas tromboses, uma embolia pulmonar e precisei passar por uma cirurgia. Por três vezes fiquei na UTI, somando um total de 72 dias de internação. Todos os médicos me diziam que eu e meu filho podíamos não sobreviver. Foram oito meses em que estive de repouso absoluto por conta da gestação, e a cada resultado ruim de exames, me dava vontade de apenas chorar. Tomei mais de 800 injeções de anticoagulante. Foi muito difícil.

Eu não conseguia entender porque tanto sofrimento. Eu era cristã, tinha ministério na igreja e questionava o tempo todo o porquê de Deus estar me fazendo passar por aquilo. Comprei o *Enquanto isso* em uma tentativa de conseguir ler algo, já que não tinha vontade de ler a Bíblia, assistir pregações, nem nada que fosse relacionado ao Senhor. Li o livro inteiro em um dia e ele me tocou profundamente. Pude entender que Deus estava no controle daquela situação, mesmo que eu não entendesse, além de perceber que eu nunca estive sozinha.

O parto prematuro do meu filho não foi nada fácil, mas graças a Deus ele nasceu com vida.

Os frutos

Tive algumas intercorrências bem graves no pós-parto, sendo necessário que tanto eu quanto o meu filho ficássemos na UTI. Por conta de todo o risco que nós corremos, infelizmente não poderei mais ter filhos biológicos. O meu sonho era ter uma família enorme, pois sou filha única. Foi muito doloroso receber este diagnóstico. Apesar de tudo isso, hoje consigo ser extremamente grata ao Senhor por meu filho estar bem e saudável. Ele é um verdadeiro milagre! Além disso, pretendo adotar mais filhos, se essa for a vontade do Senhor. 🙲

ANGÉLICA

28 ANOS, PROFESSORA E REVISORA

❝ Sou doutoranda em estudos literários e sempre ouvi a frase: a literatura salva! Mas apenas após ler o livro *Enquanto isso* eu entendi e vivi o fato de que "um livro me salvou". Sempre que me perguntam como foi a espera para engravidar eu digo que só consegui seguir adiante após a leitura deste livro. Quem me presenteou com ele foi uma amiga distante. Chorei a cada página lida. Terminei a leitura com a certeza de que minha hora iria chegar, não no meu tempo, nem do meu jeito, mas no tempo de Deus! E chegou: engravidei de gêmeas, Júlia e Vitória.

Neste exato momento estou internada para tentar segurar a gravidez. Tive bolsa rota de uma das gêmeas e hoje fazem 27 dias que estou no hospital. Completei 22 semanas de gestação, mas preciso segurar até no mínimo 28 semanas para que elas nasçam — ainda que prematuras, porém com maiores chances de vida. Aqui no hospital estou lendo os outros livros da Fernanda e não vejo a hora de poder sair daqui para colocar em prática todos os aprendizados.

O *Enquanto isso* continua vivo em mim. Tenho vivenciado grandes lutas e provações que ainda envolvem a espera, mas agora é pelas minhas filhas que estão no forninho lutando pela vida. Enquanto isso eu levo essa luta mais forte do que nunca, pois estou próxima de Deus, confiando nele e com a minha fé fortalecida. 💬

Nota: na data de publicação deste livro, soubemos que Angélica passou por um parto prematuro com 25 semanas de gestação e infelizmente uma de suas bebês veio a falecer. A outra bebê está na UTI neonatal lutando por sua vida.

ENQUANTO ISSO

JÉSSICA

27 ANOS, JORNALISTA

"Eu e meu marido passamos sete anos sonhando com o nosso casamento e com a chegada dos nossos filhos. O casamento estava marcado para 2020 e, por conta da pandemia da COVID-19, tivemos que adiá-lo. Neste mesmo ano, descobrimos que meu noivo tinha um câncer. Por conta da possibilidade dele ficar infértil, tivemos que esvaziar toda a reserva financeira do nosso casamento para fazer um procedimento de congelamento de sêmen. Mais para frente, na mesma semana que íamos nos casar, raspamos a cabeça dele por conta do tratamento. Durante esse tempo de quimioterapia, a melhor forma que encontrei para aguardar naquela sala de espera foi lendo o *Enquanto isso*.

Remarcamos a data do nosso casamento para depois do fim daquele período de tratamento. Porém, nesse exato momento, contraímos a COVID-19. Mais uma vez tivemos que adiar o nosso sonho de nos casarmos. Meus avós também pegaram a doença e isso resultou em semanas muito atribuladas para toda a nossa família. Porém, quando tudo passou, na primeira oportunidade que tivemos, nos casamos. A cerimônia foi no quintal de casa, apenas com nossos pais, o pastor e uma live pros amigos. Não tivemos festa, nem lua de mel, mas foi o dia mais feliz das nossas vidas.

Os frutos

    Esperamos em Deus pela cura e ela veio. Esperamos em Deus pelo casamento e ele veio. Esperamos pela plenitude da nossa família e ela veio em forma de um bebê que estamos esperando nascer a qualquer momento. Falando nisso, não precisamos utilizar do semên congelado para que este bebê fosse gerado. Hoje, olhando para trás, conseguimos enxergar que, por mais que tenhamos esperado por muitas respostas, nunca precisamos esperar por Jesus. Ele sempre esteve presente. ❞

ENQUANTO ISSO

ARIANE

31 ANOS, TÉCNICA DE SEGURANÇA NO TRABALHO

"Meu sonho sempre foi ser mãe. Me programei junto com meu esposo para isso e quando finalmente engravidei (de gêmeos), vivi a melhor fase da minha vida. Porém, quando estava com seis meses de gestação, passei por algumas complicações que me levaram a um parto prematuro. Infelizmente, meus dois bebês, Antony e Benício, faleceram. Alguns meses antes desta perda, também havia perdido minha mãe devido a COVID-19. Ela tinha apenas 48 anos. Quando engravidei dos gêmeos, após a perda da minha mãe, pensei que o Senhor estava me presenteando com o dobro, assim como ele havia feito com Jó. Foi quando me revoltei contra Deus. Não entendia o porquê de ele ter levado meus filhos, nem o porquê da permissão de passar por mais dor após a morte da minha mãe. Era como se ele jogasse fora o maior presente que havia me enviado. Foi um processo doloroso e difícil. Passei dias na cama à base de remédios para dormir. A minha vontade era de ter partido junto com os meus filhos.

Com o tempo, o apoio da minha família, do meu esposo maravilhoso e de uma terapeuta, fui melhorando lentamente. Um dia, uma amiga me emprestou o *Enquanto isso* e a partir dali foi um divisor de águas na minha fé. Eu senti Deus

Os frutos

em cada linha desse livro. Eu o li em menos de 24 horas e queria entrar dentro dele para que tudo aquilo que a Fernanda passou com tanta sabedoria também fizesse morada em meu coração. Ainda tenho muito a aprender, mas hoje eu vejo o processo como aprendizado para bons dias que virão. Tenho aprendido a depositar em Deus o meu medo e ansiedade ao depender totalmente dele. O processo de viver a vontade de Deus, mesmo que os meus olhos não consigam ver ou entender, tem me transformado diariamente. Sou grata a Deus por este livro! 99

ADRIELE

26 ANOS, EMPREENDEDORA

❝O livro *Enquanto isso* foi muito importante em uma fase de mudanças financeiras em minha casa. Meu marido havia sido demitido, e, com o valor da rescisão, nós decidimos abrir uma pequena empresa. Éramos recém-casados, e tudo estava muito difícil. A nossa loja era muito pequena e eu orava muito para que Deus abençoasse este empreendimento. Até então, minha confiança estava no nosso esforço em fazer dar certo. Quando li o livro, em pouco tempo já o enchi de marcações. Encontrei descanso para esperar o agir do Senhor. Passei a ter confiança em um Deus que cuida de absolutamente tudo. Lembro de orar com o livro em mãos, e dizer ao Senhor que se a loja não fosse o que Ele queria para nós, estava tudo bem, eu continuaria confiando e esperando a vontade dele.

Pouco tempo depois, alguns amigos que faziam parte de uma rede de lojas em nossa cidade nos convidaram para fazer parte deste empreendimento. Este ano completamos dois anos de loja. O Senhor tem cuidado de nós todos os dias, e continuamos confiando absolutamente tudo nas mãos dele.❞

Os frutos

NATALIA TELES

❝ Ganhei o *Enquanto isso* há alguns anos, no período do meu tratamento contra um câncer de mama. Com o diagnóstico do câncer, recebi a notícia de que a quimioterapia poderia me deixar infértil. A maternidade sempre foi o meu sonho. Por isso, sob orientação médica, realizei o congelamento de óvulos.

Durante a quimioterapia eu li o *Enquanto isso* e no próprio livro pude escrever uma carta para os meus futuros filhos. Foi uma das coisas mais emocionantes que fiz em minha vida. Em meio a um tratamento como aquele e tantas notícias ruins, pude com os olhos da fé, escrever para os meus futuros filhos, que serão fruto de um milagre. Enquanto eu lia, aprendia que maior que qualquer diagnóstico havia um Deus que tinha o controle de tudo. E mais do que a cura física, Deus estava me levando para um período de ressignificação de muitas coisas. Mais importante do que o resultado final, era o processo pelo qual eu estava passando e quem eu estava me tornando na jornada. Deus estava me curando não apenas fisicamente, mas também de minhas feridas internas — me amadurecendo e transformando por inteiro. Hoje, ainda não fui liberada pelos médicos para engravidar, pois são cinco anos até a remissão completa. Tenho ainda alguns anos pela frente, mas uma certeza eu tenho: um

ENQUANTO ISSO

dia meus filhos irão ler a carta que eu fiz para eles no livro *Enquanto isso*. Terei a oportunidade de viver Hebreus 11 e testemunhar o milagre da vida, refletir Jesus e glorificar o seu nome. "Não morrerei; pelo contrário, viverei para contar o que o Senhor fez" (Sl 118:17 NVT).

Nota: em março de 2021, Natalia terminou o tratamento e está curada do câncer!

Os frutos

VICTORIA MEDEIROS

"Ao contrário do que esperavam de mim, eu escolhi me aproximar ainda mais de Deus depois que o meu filho morreu. Acredito que muitas mães se distanciam nesse momento, mas comigo foi diferente. Eu e meu esposo tínhamos problemas de infertilidade e tentamos engravidar por mais de seis anos. Foi uma longa espera para nós. Quando finalmente conseguimos engravidar foi um presente! O meu filho, Luís Heitor, foi um grande milagre de Deus em nossas vidas. Tive o privilégio de gerá-lo em meu ventre por sete meses e foi o melhor tempo de toda a minha vida. Viveria tudo novamente.

Quando eu ainda tentava engravidar, conheci o trabalho da Fernanda e, um mês após perder o meu filho, uma amiga me presenteou com o *Enquanto isso*. Estou vivendo meu luto há dois meses e ler o livro neste tempo me trouxe esperança novamente. Eu lia cada palavra e sentia o Senhor falando ao meu coração, trazendo as palavras certas neste momento de dor e de uma nova espera. Com o livro me veio um amadurecimento e um fortalecimento da minha fé. A espera pelo tempo certo de Deus em nossas vidas começou novamente. E eu continuo acreditando no Deus do impossível, Deus de Abraão, de José, de Jacó e de tantos outros que viveram o propósito no tempo certo."

AGRADECIMENTOS

Agradeço ao meu marido e companheiro, Rafael, a pessoa que mais me incentivou a desenvolver este livro e me acompanhou de mãos dadas em tudo que escrevi. Neno, você é o maior presente que Deus me deu.

Aos meus pais, Jorge e Del, e aos meus sogros, William e Márcia, pelo apoio incondicional em todas as fases pelas quais passei. Obrigada por cuidarem da casa e de muitas outras coisas para que eu pudesse ter a oportunidade de escrever. Nossos filhos são muito abençoados em tê-los como avós.

Aos amigos, Filipe, Helen, Rodrigo e Vivi, por participarem do desenvolvimento do livro e me ajudarem a fazer isso acontecer. Vocês são incríveis.

Aos meus amigos que são como família, por todo o apoio dado durante os dias mais difíceis e por celebrar comigo os dias mais felizes.

Aos meus pastores Yuri e Carol, por me permitirem e impulsionarem a crescer e desenvolver dentro do meu chamado.

Este livro foi impresso pela Cruzado, em 2022,
para a Thomas Nelson Brasil. O papel do miolo é
pólen bold 90 m/g ², e o da capa é cartão 250 m/g ².